Avant le mercato d'été 2018, quel était le gardien de but le plus cher de l'histoire ?

- Gianluigi Buffon
- Iker Casillas
- Ederson

Réponse :

En 2001, la Juventus Turin avait déboursé 53 millions d'euros pour s'attacher les services de Gianluigi Buffon, qui évoluait auparavant à Parme. Un record, avant le mercato d'été 2018, pour un gardien de but !

Une Question par Jour DE FOOT

RECORDS • COMPÉTITIONS JOUEURS

Hugo Image

Ouvrage dirigé par Clément Ronin

Photos : © Presse Sports, © DR

34-36, rue La Pérouse
75116 Paris
www.hugoetcie.fr

ISBN : 9782755638905
Dépôt légal : octobre 2018
Imprimé en Chine

L'année 2018 a été riche en émotions. La planète football a sacré son nouveau roi dans l'épreuve suprême, la Coupe du monde. En Russie, où le gratin du football mondial a bataillé pendant un mois pour s'adjuger le titre le plus prisé de son sport.

Si aucune grande compétition internationale masculine n'est au programme de 2019, la Ligue des Nations – la nouvelle compétition de l'UEFA – sera néanmoins à l'honneur. Sa phase de groupes s'est tenue de septembre à novembre 2018, et sa phase finale (4 matchs) aura lieu début juin. De quoi nous tenir en haleine à la fin de la saison, surtout si l'équipe de France est qualifiée pour ces joutes estivales.

En 2019, d'autres grands évènements se dérouleront également : notamment la Coupe d'Asie des Nations en janvier ; les finales des compétitions nationales et européennes au printemps ; la Coupe du monde féminine qui se tiendra en France du 7 juin au 7 juillet ; la Coupe d'Afrique des Nations pendant l'été et la reprise de la nouvelle saison (2019-2020) dès le mois d'août.

Pour la toute première fois, la Coupe du monde féminine se déroulera donc en France. L'occasion de suivre attentivement le parcours des Bleues de Corine Diacre, qui joueront leurs trois matchs de groupe le 7 juin au Parc des Princes (Paris), le 12 juin à l'Allianz Riviera (Nice) et le 17 juin au Roazhon Park (Rennes).

En 2018, on a aussi vibré en suivant les exploits des artistes de Ligue 1. Impitoyable, le Paris Saint-Germain s'est montré d'un niveau supérieur. Mais Monaco a confirmé tout le potentiel que sa jeunesse laisse entrevoir. Marseille n'est pas en reste, avec une très bonne saison qui laisse présager un avenir européen au club phocéen.

Dominateur en Ligue 1, le PSG n'a toutefois toujours pas réussi à franchir un palier en Ligue des champions. Éliminés par le Real Madrid du Ballon d'Or Cristiano Ronaldo, les Parisiens n'abandonnent pas pour autant leurs rêves de sacre européen. Une ambition qu'ils comptent bien réaliser au plus tôt. Pourquoi pas en 2019 ?

Cette année nous offrira encore du spectacle et l'on sera attentif aux performances des stars du foot que sont, entre autres, Cristiano Ronaldo, Lionel Messi, Neymar ou Kylian Mbappé, pour ne citer qu'eux.

Vous souhaitez vous replonger dans les instants magiques qui font la magie foot ? Les grands matchs ? Les joueurs de génie ? Les anecdotes cocasses et insolites ? Les statistiques et les records ? La petite histoire du foot comme la grande ? Cette éphéméride est faite pour vous ! Chaque jour de l'année, une question vous est proposée afin que vous puissiez parfaire votre culture foot, seul, en famille ou entre amis. Les pays, les clubs, les stades, les records, les grands joueurs comme les moins célèbres : tout ce qui fait l'univers du football et qui nous passionne est ici abordé.

Le foot n'appartient à personne, la passion non plus…

Clément Ronin

Qu'avait promis Cristiano Ronaldo s'il remportait et marquait en finale de la Ligue des champions 2017 ?

- Qu'il embrasserait Zidane sur le crâne
- Qu'il se ferait un tatouage du trophée
- Qu'il se raserait la tête

2
JANVIER
8h44 17h05
St Basile

Réponse :

Cristiano Ronaldo avait promis qu'il se raserait la tête s'il remportait et marquait en finale de la Ligue des champions 2017. L'attaquant portugais a réussi cette performance et a tenu sa promesse.

Quel record détient Hugo Lloris ?

- Il est le gardien le plus capé de l'histoire de l'équipe de France
- Il est le gardien le plus capé de l'histoire de Tottenham
- Il est le capitaine le plus capé de l'histoire de l'équipe de France

3
JANVIER
8h44 17h06
Ste Geneviève

Réponse :

Hugo Lloris est à la fois le gardien (devant Barthez) et le capitaine (devant Deschamps) le plus capé de l'histoire des Bleus.

Quel est le plus jeune joueur de l'histoire à avoir disputé la Coupe d'Afrique des Nations ?

- Samuel Eto'o
- Shiva Star N'Zigou
- Ismaïla Sarr

4

JANVIER

8h44 17h07

St Odilon

Réponse :

En 2000, en disputant la CAN avec le Gabon, Shiva Star N'Zigou est devenu le plus jeune joueur de l'histoire de la compétition, à 16 ans, 2 mois et 30 jours.

Quel record détient Kamil Glik ?

- Il est le défenseur qui compte le plus grand nombre de buts inscrits dans le jeu en une saison du Championnat d'Italie
- Il est l'étranger le plus capé de l'histoire de l'AS Monaco
- Il est le joueur qui compte le plus grand nombre de cartons jaunes en Ligue 1

5
JANVIER
8h44 17h09
St Édouard

Réponse :

En 2014-2015, Kamil Glik marque 7 buts pour le Torino. Il les inscrit tous dans le jeu et devient le défenseur qui compte le plus grand nombre de buts inscrits dans le jeu en une saison du Championnat d'Italie.

Quel ancien Parisien a remis à Kylian Mbappé son maillot à son arrivée au PSG, en 2017 ?

- Selim Benachour
- Didier Domi
- Lucas Moura

6
JANVIER
8h44 17h10
Épiphanie

Réponse :

À son arrivée au PSG, Kylian Mbappé a récupéré le numéro 29. Didier Domi, qui avait porté ce numéro à Paris, lui a remis son nouveau maillot.

Quel joueur a disputé le plus grand nombre de matchs complets consécutifs avec l'Allemagne ?

- Franz Beckenbauer
- Joshua Kimmich
- Berti Vogts

7
JANVIER
8h43 17h11
St Raymond

Réponse :

Entre 1968 et 1971, Berti Vogts a établi ce record en disputant 34 matchs complets d'affilée avec l'Allemagne. Il est suivi par Kimmich et Beckenbauer.

Quel record détient Sadio Mané ?

- Il est l'auteur du triplé le plus rapide de l'histoire de la Premier League
- Il est le meilleur buteur de l'histoire du Sénégal
- Il est l'auteur du but le plus rapide de l'histoire de la Premier League

8
JANVIER
8h43 17h12
St Lucien

Réponse :

En mai 2015, lors du match Southampton-Aston Villa (6-1), Sadio Mané a inscrit le triplé le plus rapide de l'histoire de la Premier League, en 2 minutes et 56 secondes.

Avec quel mythique groupe de rock le PSG a-t-il collaboré en octobre 2017 ?

- AC/DC
- Red Hot Chili Peppers
- Rolling Stones

PARIS
SAINT-GERMAIN

9
JANVIER
8h43 17h13
Ste Alix

Réponse :

À l'occasion des concerts des Rolling Stones à l'U Arena, en octobre 2017, le PSG s'est associé au mythique groupe de rock. Divers produits mélangeant les couleurs du club et le logo des Stones ont ainsi été disponibles quelques jours à la boutique du PSG.

Quel est le surnom du derby de Gênes, entre la Sampdoria et le Genoa ?

- Le derby della Lanterna
- Le derby della Doriani
- Le derby della Rossoblù

10
JANVIER

8h42 17h15

St Guillaume

Réponse :

Le derby de Gênes est surnommé « derby della Lanterna », en référence à La Lanterna, phare portuaire et symbole de Gênes.

Parmi ces duos, lequel a marqué le plus grand nombre de buts en Ligue des champions ?

- Morientes/Raúl
- Pedro/Messi
- Ronaldo/Benzema

11
JANVIER

☀ 8h42 ☀ 17h16

Ste Pauline

Réponse :

Avec plus de 130 buts en Ligue des champions, le tandem Ronaldo/Benzema est celui qui compte le plus grand nombre de buts en Ligue des champions, devant Pedro/Messi (84) et Morientes/Raúl (60).

À qui le prénom de Leroy Sané rend-il hommage ?

- Claude Le Roy
- Jérôme Leroy
- Laurent Leroy

12
JANVIER
8h41 17h17
Ste Tatiana

Réponse :

Le père de Leroy Sané, Souleymane, est un ancien footballeur. C'est Claude Le Roy qui lui a offert sa première sélection avec le Sénégal. Souleymane a prénommé son fils Leroy en hommage à l'ancien sélectionneur des Lions de la Téranga.

Contre quelle équipe le LOSC a-t-il disputé son 100e match de Coupe d'Europe ?

LILLE LOSC

- Bayern Munich
- Everton
- Inter Milan

13 JANVIER
8h41 17h19
Ste Yvette

Réponse :

Le LOSC a disputé son 100e match de Coupe d'Europe contre Everton (défaite 3-0) en Ligue Europa 2014-2015.

Quel a été le premier joueur à se faire expulser avant le début d'un match dans l'histoire de l'Europa League ?

- Dele Alli
- Sébastien Corchia
- Patrice Évra

14
JANVIER
8 h 40 17 h 20
Ste Nina

Réponse :

Avant un match contre le Vitória Guimarães et alors que les Marseillais sont à l'échauffement, en novembre 2017, Patrice Évra donne un coup de pied à un supporter qui l'a provoqué. Le joueur reçoit alors un carton rouge et devient le premier joueur à se faire expulser avant le début d'un match dans l'histoire de l'Europa League.

Quel record Pietro Pellegri détient-il ?

- Il est devenu le premier joueur né au XXIe siècle à réaliser un doublé en Serie A
- Il est devenu le plus jeune joueur de l'histoire de l'AS Monaco
- Il est devenu le plus jeune joueur de l'histoire de la Serie A

Réponse :

En décembre 2016, Pietro Pellegri devient, avec Genoa, le plus jeune joueur de l'histoire de la Serie A, à 15 ans et 9 mois. En septembre 2017, il inscrit deux buts et devient le premier joueur né au XXIe siècle (le 17 mars 2001) à réaliser un doublé en Serie A. Transféré à Monaco lors de la trêve hivernale, il devient, en février 2018, le plus jeune joueur de l'histoire du club, à 16 ans et 336 jours.

En quoi la première sélection de Pelé avec le Brésil est-elle unique ?

- C'est le seul match lors duquel Pelé était remplaçant avec le Brésil
- C'est le seul match que Pelé a perdu avec le Brésil en ayant marqué
- C'est le seul match lors duquel Pelé n'a pas marqué avec le Brésil

Réponse :

Le 7 juillet 1957, Pelé dispute son premier match avec le Brésil, à 16 ans et 257 jours, contre l'Argentine. Peu après son entrée en jeu, il égalise (1-1). Mais le Brésil s'incline tout de même (2-1). C'est la seule rencontre que Pelé a perdue avec sa sélection nationale en ayant marqué.

Quel record Raphaël Varane détient-il ?

- Il est le plus jeune joueur étranger de l'histoire du Real Madrid
- Il est le plus jeune capitaine de l'histoire de l'équipe de France
- Il est le plus jeune défenseur à compter trois Ligues des champions à son palmarès

17
JANVIER
8 h 38 17 h 24
Ste Roseline

Réponse :

En 2017, à 24 ans, Raphaël Varane est devenu le plus jeune défenseur à avoir remporté la Ligue des champions à trois reprises.

Quelle est la première édition de Coupe du monde à laquelle l'Italie ne s'est pas qualifiée ?

- 1930
- 1958
- 2018

18

JANVIER

8 h 37 17 h 26

Ste Prisca

Réponse :

L'Italie n'a pas participé à la première Coupe du monde, en 1930, par choix. Elle a également manqué l'édition 1958, pour laquelle elle ne s'était pas qualifiée. Tout comme l'édition 2018. À noter qu'en 1938, 1950, 1986 (en qualité de tenante du titre) et 1990 (pays organisateur), l'Italie n'a pas eu à disputer de matchs qualificatifs.

En septembre 2017, lors de son match contre le Red Bull Salzbourg en Europa League, quelle particularité l'équipe du Vitória Guimarães présentait-elle ?

- Elle ne comportait aucun joueur européen titulaire
- Elle ne comportait aucun attaquant
- Elle ne comportait que des joueurs portugais titulaires

19
JANVIER
8h36 17h27
St Marius

Réponse :

Au coup d'envoi de la partie, le Vitória Guimarães alignait 9 joueurs sud-américains et 2 africains. Donc, aucun joueur européen. Et ce jusqu'à la 57e minute et l'entrée en jeu de Kiko.

Quel est le seul joueur à avoir marqué lors d'au moins 10 matchs consécutifs de Ligue des champions ?

- Edinson Cavani
- Cristiano Ronaldo
- Ruud van Nistelrooy

20
JANVIER
8 h 35 17 h 29
St Sébastien

Réponse :

Cristiano Ronaldo est le seul joueur à avoir marqué lors d'au moins 10 matchs consécutifs de Ligue des champions.

Quel joueur a marqué le but contre son camp le plus rapide de l'histoire de la Serie A ?

- Lucas Biglia
- Miralem Pjanic
- Ricardo Rodríguez

21
JANVIER
8 h 34 17 h 30
Ste Agnès

Réponse :

En août 2017, à l'occasion du match entre la Juventus Turin et le Genoa, Miralem Pjanic a marqué, au bout de 17 secondes de jeu, le but contre son camp le plus rapide de l'histoire de la Serie A.

Contre quelle équipe Lionel Messi a-t-il inscrit son 100e but en Coupe d'Europe ?

- Juventus Turin
- Olympiakos Le Pirée
- Sporting Portugal

22
JANVIER
8 h 33 17 h 32
St Vincent

Réponse :

En octobre 2017, Barcelone affronte l'Olympiakos Le Pirée. Lionel Messi inscrit, contre les Grecs, son 100e but européen.

Comment s'est distingué Edward Nketiah à l'occasion de son premier match professionnel avec Arsenal ?

- Il a marqué un doublé
- Il a marqué 15 secondes après son entrée en jeu
- Il a marqué du milieu de terrain

23
JANVIER
8h32 17h33
St Barnard

Réponse :

Lancé par Wenger contre Norwich en League Cup, en octobre 2017, Edward Nketiah, 18 ans, a offert la victoire aux Gunners en marquant 15 secondes après son entrée en jeu, puis en inscrivant un autre but pendant la prolongation.

Quelle équipe Guy Roux a-t-il dirigée le temps d'un match en septembre 2017 ?

- L'équipe du journal *L'Équipe*
- Le Variétés Club de France
- L'équipe de l'Assemblée nationale

24
JANVIER
8h31 17h35
St François de Sales

Réponse :

À l'occasion d'un match caritatif au profit de l'hôpital de la Pitié-Salpêtrière, Guy Roux avait repris du service et coaché l'équipe de l'Assemblée nationale, lourdement défaite (14-2) par celle du Variétés Club de France.

Quelle équipe détient le record du plus grand nombre de matchs officiels consécutifs lors desquels elle a marqué un but ?

- FC Barcelone
- Real Madrid
- Santos

25
JANVIER
8 h 30 17 h 36
Conversion de St Paul

Réponse :

Ce record est codétenu par le club brésilien de Santos (entre novembre 1961 et août 1963) et le Real Madrid (entre avril 2016 et septembre 2017). Les deux équipes sont parvenues à marquer lors de 73 matchs officiels consécutifs.

Quel joueur brésilien aurait bu un bidon d'eau contenant un somnifère et provenant du camp argentin en 8e de finale du Mondial 1990 ?

- Branco
- Dunga
- Romário

26
JANVIER
8 h 29 17 h 38
Ste Paule

Réponse :

L'anecdote a été racontée par Diego Maradona en personne : en 8e de finale du Mondial 1990, le Brésilien Branco aurait bu un bidon, provenant du camp argentin, qui contenait un somnifère. L'Argentine s'impose finalement (1-0) et ne sera ensuite défaite qu'en finale, par la RFA.

Quel est le plus jeune gardien de but de l'histoire de la Ligue des champions ?

- Igor Akinfeev
- Iker Casillas
- Mile Svilar

27
JANVIER
8 h 28 17 h 40
Ste Angèle

Réponse :

En octobre 2017, à 18 ans et 1 mois, Mile Svilar, portier du Benfica Lisbonne, est devenu le plus jeune gardien de but de l'histoire de la Ligue des champions, battant le record de Casillas, qui avait débuté dans la compétition à 18 ans et 3 mois.

Quel triste record l'équipe de Benevento détient-elle ?

- Elle a réalisé le pire début de saison de l'histoire de la Serie A
- Elle a reçu le plus grand nombre de cartons rouges en une saison de Serie A
- Elle a affiché le pire taux de possession de balle de l'histoire de la Serie A

Réponse :

Promue en Serie A en 2017, l'équipe de Benevento a réalisé le pire début de saison de l'histoire de la Serie A (et des Championnats du top 5 européen), en perdant ses 14 premiers matchs (6 buts marqués, 34 encaissés). À l'issue de la phase aller (19 matchs), le club n'avait pris que 4 points (1 victoire, 1 nul, 17 défaites).

Quel est le point commun entre les premiers matchs à la tête de Leicester City de Claudio Ranieri, Craig Shakespeare et Claude Puel ?

- Leicester l'a emporté 3-1
- Jamie Vardy a marqué
- L'adversaire a marqué contre son camp

29
JANVIER
8h25 17h43
St Gildas

Réponse :

Lors du premier match de chacun de ces trois entraîneurs à la tête de Leicester City, l'attaquant Jamie Vardy a marqué !

Le match d'Europa League Lazio Rome-Nice, en novembre 2017, a fait l'objet d'une première dans la compétition. Laquelle ?

- Aucun tacle n'a été raté
- Aucun carton jaune n'a été distribué
- Aucun tir n'a été cadré

30
JANVIER
8h24 17h44
Ste Martine

Réponse :

Pour la première fois de l'histoire de l'Europa League, aucun tir n'a été cadré. Le seul but du match a été inscrit par Maxime Le Marchand contre son camp.

Quel est le meilleur buteur de l'histoire de Montpellier en Ligue 1 ?

- Laurent Blanc
- Souleymane Camara
- Kader Ferhaoui

31
JANVIER
8 h 23 17 h 46
Ste Marcelle

Réponse :

Depuis août 2017, le Sénégalais Souleymane Camara est le meilleur buteur de l'histoire de Montpellier en Ligue 1.

Quel est le plus jeune joueur à avoir disputé une finale de Coupe d'Europe ?

- Matthijs de Ligt
- Anthony Martial
- João Moutinho

1er
FÉVRIER
8h21 17h48
Ste Ella

Réponse :

À l'occasion de la finale de l'Europa League 2017 entre l'Ajax Amsterdam et Manchester United, Matthijs de Ligt est devenu le plus jeune joueur à disputer une finale de Coupe d'Europe, à 17 ans et 285 jours.

Quel joueur a inscrit le plus rapidement 10 buts sous le maillot du PSG ?

- Edinson Cavani
- Zlatan Ibrahimovic
- Neymar

2
FÉVRIER
8 h 20 17 h 49
Présentation du Seigneur

Réponse :

Il n'a fallu que 9 matchs à Zlatan Ibrahimovic pour marquer 10 buts au PSG. Il devance Neymar, qui a atteint ce total après 11 matchs.

Quel est le pays le moins peuplé à avoir participé à une Coupe du monde ?

- Islande
- Panama
- Trinité-et-Tobago

3
FÉVRIER
8h19 17h51
St Blaise

Réponse :

Qualifiée pour le Mondial 2018, l'Islande est devenue le pays le moins peuplé (environ 340 000 habitants) à participer à la Coupe du monde.

Quel joueur a inscrit le 3 000e but de l'OGC Nice en première division du Championnat de France ?

OGC NICE

DESPÌ 1904

- Alassane Pléa
- Mario Balotelli
- Jean Michaël Seri

4

FÉVRIER

8h17 17h53

Ste Véronique

Réponse :

Auteur de l'ouverture du score dès la 5e minute de jeu contre Lille, le 2 mars 2018, à l'Allianz Riviera, Mario Balotelli a marqué le 3 000e but de l'histoire de Nice dans l'élite du football français.

Contre quelle équipe Wayne Rooney a-t-il marqué son premier but en Premier League ?

- Arsenal
- Chelsea
- Manchester United

5
FÉVRIER
8h16 17h54
Ste Agathe

Réponse :

En 2002, avec Everton, à 16 ans et 360 jours, Wayne Rooney avait marqué son premier but en Premier League contre Arsenal.

En 2017, Monaco s'octroie le record du nombre de victoires consécutives en Ligue 1. Avec combien de matchs remportés d'affilée ?

- 14
- 17
- 20

6
FÉVRIER
8h14 17h56
St Gaston

Réponse :

Le précédent record appartenait à Bordeaux (2009), avec 14 victoires consécutives en Ligue 1. L'AS Monaco l'a porté à 17, de février à août 2017.

Quel est le buteur le plus rapide de l'histoire de la Coupe d'Afrique des Nations ?

- Didier Drogba
- Ayman Mansour
- Laurent Pokou

CAF®

7
FÉVRIER
8h13 17h58
Ste Eugénie

Réponse :

L'Égyptien Ayman Mansour est le buteur le plus rapide de l'histoire de la CAN. Il avait marqué en 23 secondes, contre le Gabon, en 1994.

Dans quel sport Rio Ferdinand, ancien joueur de Manchester United, s'est-il reconverti ?

- Boxe
- Course automobile
- Golf

8
FÉVRIER
8h11 17h59
Ste Jacqueline

Réponse :

Ancien défenseur international anglais, passé notamment par Manchester United (2002-2014), Rio Ferdinand a annoncé en septembre 2017 sa reconversion dans la boxe.

Contre quelle équipe le RB Leipzig a-t-il marqué le premier but de son histoire en Ligue des champions ?

- Besiktas Istanbul
- Monaco
- Porto

9
FÉVRIER
8h10 18h01
Ste Apolline

Réponse :

Le 13 septembre 2017, à l'occasion de la réception de Monaco (1-1), Emil Forsberg ouvre le score et inscrit le premier but du RB Leipzig en Ligue des champions.

Quel est le premier buteur de l'histoire au Wanda Metropolitano, le stade de l'Atlético de Madrid ?

- Kevin Gameiro
- Diego Godín
- Antoine Griezmann

10
FÉVRIER
8h08 18h03
St Arnaud

Réponse :

Le premier but de l'histoire au Wanda Metropolitano fut le seul inscrit lors du match d'inauguration (contre Malaga) du nouveau stade de l'Atlético de Madrid. Il a été marqué par Antoine Griezmann.

Ianis Stoica est le plus jeune joueur de l'histoire de l'équipe professionnelle du FC Steaua Bucarest. À quel âge a-t-il établi ce record ?

- 14 ans, 10 mois et 17 jours
- 15 ans, 4 mois et 22 jours
- 16 ans et 11 jours

Réponse :

En octobre 2017, Ianis Stoica est devenu le plus jeune joueur de l'histoire du FC Steaua Bucarest à seulement 14 ans, 10 mois et 17 jours ! Buteur pour son premier match, il est aussi le plus jeune réalisateur du club roumain !

Quel joueur a marqué plus de 100 buts à la fois en Serie A et en Liga ?

- Gonzalo Higuaín
- Zlatan Ibrahimovic
- Ronaldo

12
FÉVRIER
8h05 18h06
St Félix

Réponse :

Gonzalo Higuaín a marqué plus de 100 buts en Liga (avec le Real Madrid) et en Serie A (avec Naples et la Juventus Turin). Un exploit majuscule pour l'attaquant argentin !

Quel entraîneur a remporté la plus large victoire de l'histoire de Lille pour son premier match à la tête de l'équipe ?

- Marcelo Bielsa
- George Berry
- Rudi Garcia

13
FÉVRIER
8h03 18h08
Ste Béatrice

Réponse :

Premier entraîneur de l'histoire du LOSC, George Berry est aussi celui qui a remporté la plus large victoire (5-1 contre Cannes en 1945) pour son premier match à la tête de l'équipe, devant Marcelo Bielsa (3-0 contre Nantes en 2017).

À combien de phases finales de la Coupe du monde l'équipe de France a-t-elle participé ?

- 6
- 13
- 15

14
FÉVRIER
8h01 18h09
St Valentin

Réponse :

L'équipe de France a participé à 15 éditions de la Coupe du monde. Seuls le Brésil, l'Allemagne, l'Italie et l'Argentine ont fait mieux.

Le FC Porto a infligé à une équipe française la plus large défaite à domicile de son histoire en Ligue des champions. Laquelle ?

- Lyon
- Monaco
- Nantes

Réponse :

En septembre 2017, Porto s'est imposé 3-0 au stade Louis-II et a infligé à Monaco la plus large défaite à domicile de son histoire en Ligue des champions.

Dans quelle compétition Marcus Rashford n'a-t-il pas marqué dès son premier match ?

- FA Cup
- League Cup
- Premier League

16
FÉVRIER
7h58 18h12
Ste Julienne

Réponse :

Marcus Rashford est un homme de premières. Il a marqué pour son premier match en Premier League, en Ligue des champions, en Europa League, en League Cup, en Youth League, en équipe d'Angleterre et en équipe d'Angleterre Espoirs ! Mais pas en FA Cup…

Qu'a offert le président du Panama pour célébrer la qualification de son pays à la Coupe du monde 2018 ?

- Une prime équivalente à 5 000 euros par joueur de la sélection
- Un jour férié
- Une bière à chaque habitant

17
FÉVRIER
7h56 18h14
St Alexis

Réponse :

Qualifié pour la première fois de son histoire pour la Coupe du monde, le Panama a basculé dans l'euphorie à l'annonce de cette performance.
Le président panaméen a même déclaré le lendemain, 11 octobre 2017, férié !

Quel est le meilleur buteur de l'histoire de l'équipe de Pologne ?

- Robert Lewandowski
- Wlodzimierz Lubanski
- Andrzej Szarmach

18
FÉVRIER
7h54 18h16
Ste Bernadette

Réponse :

Depuis octobre 2017, Robert Lewandowski est le meilleur buteur de l'histoire de la Pologne. Il devance Wlodzimierz Lubanski (48 buts en 75 sélections entre 1963 et 1980).

Quel sélectionneur compte le plus grand nombre de victoires à la tête de l'équipe de France ?

- Georges Boulogne
- Didier Deschamps
- Michel Hidalgo

19
FÉVRIER
7h53 18h17
St Gabin

Réponse :

À l'occasion de la victoire des Bleus contre la Bulgarie (1-0) en octobre 2017, Didier Deschamps est devenu le sélectionneur qui compte le plus grand nombre de victoires à la tête de l'équipe de France, devant Michel Hidalgo (41 victoires en 71 matchs entre 1984 et 1988).

Alors qu'il jouait encore au Borussia Dortmund, comment Pierre-Emerick Aubameyang a-t-il justifié la défaite du Gabon face au Maroc (3-0) en octobre 2017 ?

- À cause d'un arbitre supposément corrompu
- À cause de l'état du terrain
- À cause d'un jus d'orange supposément piégé bu par son équipe

20
FÉVRIER
☀ 7h51 ☀ 18h19
Ste Aimée

Réponse :

Balayé par le Maroc, le Gabon avait vu ses espoirs de qualification au Mondial 2018 s'envoler. Peu avant le match, Aubameyang avait posté un Tweet équivoque, annonçant que la moitié de son équipe était malade, à cause d'un jus d'orange suspect bu au Maroc.

Quel joueur a disputé le plus grand nombre de matchs dans l'histoire de Marseille ?

DROIT AU BUT

- François Bracci
- Steve Mandanda
- Roger Scotti

21
FÉVRIER
7h49 18h21
St Pierre-Damien

Réponse :

Steve Mandanda est le joueur le plus capé de l'histoire de l'OM. Il devance Roger Scotti (452 matchs, 1942-1958) et François Bracci (343, 1968-1979 et 1983-1985).

Contre quelle équipe le Qarabagh Agdam a-t-il remporté le premier point de son histoire en Ligue des champions ?

- Atlético de Madrid
- Chelsea
- Juventus Turin

22
FÉVRIER
7 h 47 18 h 22
Ste Isabelle

Réponse :

Qualifié pour la première fois de son histoire en Ligue des champions en 2017, le Qarabagh Agdam, club azerbaïdjanais, a remporté son premier point dans la compétition à la faveur d'un nul à domicile contre l'Atlético de Madrid.

Pour lequel de ses matchs de Ligue des champions Gerard Piqué a-t-il reçu son premier carton rouge dans cette compétition ?

- Le 1er
- Le 46^{e}
- Le 92^{e}

23
FÉVRIER
7h45 18h24
St Lazare

Réponse :

Gerard Piqué a reçu son premier carton rouge en Ligue des champions à l'occasion de son 92e match dans la compétition, contre l'Olympiakos, en octobre 2017.

Quel joueur a été le premier défenseur à marquer un triplé en Ligue des champions ?

- Kamil Glik
- Layvin Kurzawa
- Thiago Silva

24
FÉVRIER
7h43 18h25
St Modeste

Réponse :

À l'occasion de la victoire du PSG contre Anderlecht (5-0), en octobre 2017, Layvin Kurzawa est devenu le premier défenseur à inscrire un triplé – le premier de sa carrière – en Ligue des champions.

Quel club a aligné la plus jeune équipe de titulaires dans l'histoire des finales des Coupes d'Europe ?

- Ajax Amsterdam
- Borussia Dortmund
- FC Séville

25
FÉVRIER

7h41 18h27

St Roméo

Réponse :

Lors de la finale d'Europa League 2017 contre Manchester United, l'Ajax Amsterdam alignait le plus jeune onze de l'histoire des finales des Coupes d'Europe, avec une moyenne de 22 ans et 282 jours.

Ángel Di María a déclaré qu'il n'y a qu'un seul club où il ne pourrait pas jouer. Lequel ?

- Atlético de Madrid
- Newell's Old Boys
- Olympique de Marseille

26
FÉVRIER
7h39 18h29
St Nestor

Réponse :

Dans une interview à ESPN, à l'automne 2017, Ángel Di María a déclaré qu'il n'y a qu'un club où il ne pourrait pas jouer : celui des Newell's Old Boys, rivaux de Rosario Central, son club formateur.

Quel est le premier entraîneur de Ligue 1 à avoir été limogé en cours de saison après trois victoires consécutives ?

- Rudi Garcia
- Bruno Génésio
- Christian Gourcuff

Réponse :

Alors que le Stade Rennais procède à des changements de direction (Olivier Létang étant nommé président à la place de René Ruello), Christian Gourcuff est limogé. Il devient le premier entraîneur de l'histoire de la Ligue 1 renvoyé en cours de saison après trois victoires consécutives.

Le pays de Galles n'a participé qu'à une seule phase finale de Coupe du monde. En quelle année ?

- 1958
- 1966
- 1974

Réponse :

En 1958, le pays de Galles participe à la phase finale de la Coupe du monde pour la première et seule fois – à ce jour – de son histoire. Il est éliminé par le Brésil en quart de finale.

Quel est le meilleur buteur de l'histoire de l'équipe de Belgique ?

- Romelu Lukaku
- Paul Van Himst
- Bernard Voorhoof

1er
MARS
7h34 18h33
St Aubin

Réponse :

Romelu Lukaku est le meilleur buteur de l'histoire de l'équipe de Belgique. Il devance Paul Van Himst et Bernard Voorhoof (30 buts chacun).

Quel est le nom du cheval dont Antoine Griezmann est copropriétaire et qui a remporté une course à Marseille-Borély en novembre 2017 ?

- Black Canyon
- Tornibush
- Zangoraki

2
MARS
7h32 18h35
St Charles le Bon

Réponse :

Vainqueur de sa première course à Marseille-Borély en novembre 2017, Tornibush est le cheval dont Antoine Griezmann est copropriétaire.

À combien de phases finales de Coupe du monde la Tunisie a-t-elle participé ?

- 1
- 3
- 5

Réponse :

La Tunisie a participé à 5 phases finales de Coupe du monde (1978, 1998, 2002, 2006 et 2018).

À quel chanteur Paul Pogba a-t-il remis le trophée de la meilleure chanson des MTV Europe Music Awards 2017 ?

- Justin Bieber
- Shawn Mendes
- Ed Sheeran

4
MARS
7 h 28 18 h 38
St Casimir

Réponse :

C'est la chanson *There's nothing holding me back* qui a été élue meilleure chanson de l'année lors des MTV Europe Music Awards 2017. Le trophée a été remis par Paul Pogba au chanteur Shawn Mendes.

À combien de phases finales de Coupe du monde la Suisse a-t-elle participé ?

- 6
- 8
- 11

5
MARS
7h26 18h40
Ste Olive

Réponse :

La Suisse a participé à 11 phases finales de Coupe du monde (1934, 1938, 1950, 1954, 1962, 1966, 1994, 2006, 2010, 2014 et 2018).

Lequel de ces pays accueillera des matchs de l'Euro 2020 ?

- Azebaïdjan
- Estonie
- Suède

6
MARS
7h24 18h41
Ste Colette

Réponse :

Pour la première fois, l'Euro se disputera à travers tout le continent. Treize pays accueilleront des rencontres de l'Euro 2020, parmi lesquels l'Azerbaïdjan. En revanche, l'Estonie et la Suède ne figurent pas dans la liste.

Quel est le plus jeune buteur de l'histoire du Paris Saint-Germain en Coupe d'Europe ?

- Jean-Kévin Augustin
- Kylian Mbappé
- Bartholomew Ogbeche

7
MARS
7h22 18h43
Ste Félicité

Réponse :

En septembre 2017, contre le Celtic Glasgow, Kylian Mbappé est devenu le plus jeune buteur de l'histoire du Paris Saint-Germain en Coupe d'Europe, à 18 ans et 266 jours.

Comment s’appelle le stade de Solna, où l’équipe de Suède dispute ses matchs à domicile ?

- La Friends Arena
- La Blågult Arena
- La Party Arena

8
MARS
7h19 18h44
St Jean de Dieu

Réponse :

L'équipe de Suède joue ses matchs à domicile à Solna, à la Friends Arena, dont le record d'affluence a été battu, lors d'un match contre le Luxembourg, en octobre 2017 (50 022 spectateurs).

Quel est le seul gardien de but de l'Olympique de Marseille à avoir marqué un but ?

- Joseph-Antoine Bell
- Georges Carnus
- Jaguaré Vasconcellos

DROIT AU BUT

9
MARS
7h17 18h46
Ste Françoise

Réponse :

Gardien de but brésilien, à Marseille de 1936 à 1939, Jaguaré Vasconcellos est le seul portier olympien à avoir marqué un but dans l'histoire de l'OM. Sur penalty, le 1er mai 1938, à Sète.

Pour quelle somme Ken Bates a-t-il acheté Chelsea, en 1982 ?

- 1 £
- 1 million de £
- 10 millions de £

10
MARS
7h15 18h48
St Vivien

Réponse :

En 1982, Ken Bates, hommes d'affaires britannique, achète Chelsea pour la somme symbolique d'1 £. Il vendra le club en 2003 pour un montant estimé à 140 millions de £ !

Quel était le sélectionneur en poste depuis le plus longtemps lors de la Coupe du monde 2018 ?

- Didier Deschamps
- Joachim Löw
- Óscar Tabárez

11
MARS
☀ 7h13 ☀ 18h49
Ste Rosine

Réponse :

Óscar Tabárez (Uruguay) était le sélectionneur en poste depuis le plus longtemps (depuis mars 2006) lors de la Coupe du monde 2018. Il devançait notamment Joachim Löw (Allemagne), en poste depuis juillet 2006.

Quel joueur a disputé le plus grand nombre de matchs dans l'histoire de la Coupe d'Afrique des Nations ?

- Didier Drogba
- Samuel Eto'o
- Rigobert Song

12
MARS

7h11 18h51

Ste Justine

CAF®

Réponse :

Rigobert Song est le joueur qui a disputé le plus grand nombre de matchs (36 en 8 éditions, de 1996 à 2010) dans l'histoire de la Coupe d'Afrique des Nations.

Contre quelle équipe Olivier Giroud a-t-il marqué son premier but en équipe de France ?

- Allemagne
- Angleterre
- États-Unis

13
MARS
7h09 18h52
St Rodrigue

Réponse :

S'il a fêté sa première sélection en équipe de France contre les États-Unis, en 2011, Olivier Giroud a marqué son premier but en Bleu contre l'Allemagne, en février 2012.

Pourquoi Daniele De Rossi a-t-il refusé d'entrer en jeu lors du barrage Italie-Suède qualificatif pour le Mondial 2018 ?

- Parce qu'il était vexé de ne pas être titulaire
- Parce qu'il préférait que son sélectionneur fasse entrer un attaquant
- Parce qu'il ne voulait pas prendre le risque de se blesser

Réponse :

Alors que l'Italie avait perdu le match aller (0-1)
et ne parvenait pas à égaliser lors du match retour,
Daniele De Rossi, milieu défensif, a refusé d'entrer en jeu,
préférant que son sélectionneur fasse entrer
un attaquant pour tenter de revenir au score.

À combien de matchs consécutifs s'étend le record d'invincibilité, en Championnat de France, à domicile du FC Nantes ?

- 52
- 72
- 92

15
MARS
7h05 18h55
Ste Louise

Réponse :

De mai 1976 à avril 1981, le FC Nantes n'a perdu aucune rencontre de Championnat à domicile, enchaînant 92 matchs sans défaite dans son stade Marcel-Saupin.

Contre quelle équipe Arsène Wenger a-t-il dirigé Arsenal pour son 800e match personnel de Premier League ?

- Bournemouth
- Liverpool
- Swansea

16

MARS

7 h 03 18 h 57

Ste Bénédicte

Réponse :

En octobre 2017, Arsène Wenger a dirigé son 800e match de Premier League à la tête d'Arsenal, où il est arrivé en 1996. Un évènement célébré par une victoire (2-1) face aux Gallois de Swansea.

Sous les ordres de quel sélectionneur l'équipe de France a-t-elle remporté sa plus large victoire à l'extérieur contre l'Allemagne ?

- Gérard Houllier
- Jacques Santini
- Laurent Blanc

17
MARS
7h01 18h58
St Patrick

Réponse :

En 2003, l'équipe de France bat l'Allemagne 3-0 à Gelsenkirchen et remporte son plus large succès à l'extérieur face à la Mannschaft. Les Bleus étaient alors dirigés par Jacques Santini.

Pour quelle raison Gabriel Jesus a-t-il choisi de porter le numéro 33 ?

- En hommage à Jésus-Christ, mort à 33 ans
- Parce que le 3 est son chiffre fétiche
- Parce qu'il est né un 3 mars

18
MARS
6h59 19h00
St Cyrille

Réponse :

Gabriel Jesus a choisi de porter le numéro 33 en hommage à Jésus-Christ, crucifié à l'âge de 33 ans.

Quel est le meilleur buteur de l'histoire de la Serie A, sur une saison ?

- Alessandro Del Piero
- Gonzalo Higuaín
- Gunnar Nordahl

19
MARS

6h57 19h01

St Joseph

Réponse :

Avec 36 buts marqués en 2015-2016,
Gonzalo Higuaín est le meilleur buteur en une saison de Serie A.
Il devance Gunnar Nordahl, avec 35 buts en 1950.

Contre quelle équipe Jemerson a-t-il honoré sa première sélection en équipe du Brésil ?

- Australie
- Japon
- Serbie

20
MARS
6h55 19h03
Printemps • St Herbert

Réponse :

Alors qu'il évoluait à Monaco, Jemerson est devenu international en juin 2017 contre l'Australie, en remplaçant Thiago Silva. Il a connu sa première titularisation avec le Brésil en novembre 2017 contre le Japon.

Quel fut le premier Français auteur d'un quadruplé dans le Championnat d'Espagne ?

- Zinédine Zidane
- Antoine Griezmann
- Karim Benzema

21
MARS
6 h 52 19 h 04
Ste Clémence

Réponse :

Quelques jours après un triplé face à Séville, Antoine Griezmann est devenu, le 28 février 2018, le premier Français auteur d'un quadruplé lors d'une rencontre de Liga. Il a marqué les 4 buts de son club, l'Atlético de Madrid, face à Leganés.

Quel est le meilleur buteur de l'histoire de Manchester City ?

- Tommy Johnson
- Eric Brook
- Sergio Agüero

22
MARS
6h50 19h06
Ste Léa

Réponse :

En octobre 2017, Sergio Agüero est devenu le meilleur buteur de l'histoire de Manchester City, devant Eric Brook (177 buts) et Tommy Johnson (166).

Quelle est la seule équipe européenne à s'être qualifiée en Coupe du monde en ayant affronté trois anciens finalistes lors des éliminatoires ?

- Belgique
- Suède
- Suisse

23
MARS

☀ 6h48 ☀ 19h07

St Victorien

Réponse :

La Suède s'est qualifiée pour le Mondial 2018 après avoir affronté trois anciens finalistes de la Coupe du monde en éliminatoires : les Pays-Bas, la France et l'Italie. C'est la première équipe européenne à réaliser une telle performance.

Quel est le meilleur total de victoires de l'équipe de France en qualifications pour la Coupe du monde ?

- 7
- 8
- 9

24
MARS
6h46 19h09
Ste Catherine de Suède

Réponse :

Le meilleur total de l'équipe de France en qualifications est de 7 victoires lors de la campagne pour la Coupe du monde 2018.

Quel est le surnom du derby de Turin, entre la Juventus et le Torino ?

- Le derby della Granata
- Le derby della Mole
- Le derby della Allemandi

25
MARS
6h44 19h10
St Humbert

Réponse :

Le derby de Turin est surnommé « derby della Mole », en référence à la Mole Antonelliana, monument symbole de la ville de Turin.

En novembre 2017, Bordeaux a établi le record de la plus longue série d'invincibilité à domicile face à un adversaire de Ligue 1. Lequel ?

- Auxerre
- Lyon
- Marseille

26
MARS
6h42 19h12
Ste Larissa

Réponse :

C'est grâce à un match nul (1-1) face à l'Olympique de Marseille, en novembre 2017, que Bordeaux a établi le record de la plus longue série d'invincibilité à domicile face à un adversaire de Ligue 1, avec 33 matchs.

Quelle est le meilleur buteur français dans l'histoire de la Ligue des champions ?

- Karim Benzema
- Thierry Henry
- David Trezeguet

27
MARS
6h40 19h13
St Habib

Réponse :

Karim Benzema est le meilleur buteur français dans l'histoire de la Ligue des champions. Il devance notamment Thierry Henry (50 buts) et David Trezeguet (29 buts).

En 1997, l'Italie se qualifie pour le Mondial 1998. De quelle équipe dispose-t-elle en barrage ?

- Irlande
- Russie
- Suisse

Réponse :

C'est contre la Russie que l'Italie avait obtenu son billet pour le Mondial 1998 (1-1 à Moscou, 1-0 à Naples).

Quel est le premier joueur à avoir disputé la Ligue des champions avec sept clubs différents ?

- Nicolas Anelka
- Zlatan Ibrahimovic
- Javier Saviola

29
MARS
7h36 20h16
Ste Gladys

Réponse :

Le premier joueur à avoir disputé la Ligue des champions avec sept clubs différents est Zlatan Ibrahimovic (avec l'Ajax Amsterdam, la Juventus Turin, l'Inter Milan, Barcelone, l'AC Milan, le PSG et Manchester United). Il devance Nicolas Anelka et Javier Saviola qui ont joué la compétition avec six clubs.

Quel est le meilleur buteur de l'histoire du derby entre le Real et l'Atlético de Madrid ?

- Alfredo Di Stéfano
- Santillana
- Cristiano Ronaldo

30
MARS
7 h 33 20 h 18
St Amédée

Réponse :

Avec plus de 20 buts, Cristiano Ronaldo est le meilleur buteur de l'histoire du derby entre le Real Madrid et l'Atlético de Madrid. Il devance Alfredo Di Stéfano et Santillana.

Qu'ont déclenché les supporters péruviens au moment du but de Farfán lors du barrage retour de qualification au Mondial 2018 ?

- Une alarme de détection de tremblements de terre
- Une alarme visuelle d'indicateur de niveau de bruit
- Une alarme de sécurité du stade

31
MARS
7h31 20h19
St Benjamin

Réponse :

Euphoriques après l'ouverture du score de Farfán qui allait mener le Pérou à la qualification au Mondial 2018, les supporters ont célébré ce but avec un tel enthousiasme que les vibrations qu'ils ont émises ont déclenché l'alarme de la principale application locale de détection de tremblements de terre !

Quel joueur a marqué le but de la victoire de l'Allemagne contre la France lors du Mondial 2014 ?

- Jerome Boateng
- Mats Hummels
- Toni Kroos

1er
AVRIL
7h29 20h21
St Hugues

Réponse :

L'Allemagne avait éliminé la France en quart de finale, à la faveur d'une victoire (1-0) obtenue grâce au but de Mats Hummels.

Qui a marqué le but le plus rapide de l'histoire du Celtic Glasgow en Ligue des champions ?

- Moussa Dembélé
- Marc-Antoine Fortuné
- Billy McNeill

THE CELTIC FOOTBALL CLUB
1888

2
AVRIL
7 h 27 20 h 22
Ste Sandrine

Réponse :

En ouvrant le score contre le PSG, en novembre 2017, après 56 secondes de jeu, Moussa Dembélé est devenu le buteur le plus rapide de l'histoire du Celtic Glasgow en Ligue des champions.

Contre quelle équipe l'Olympique Lyonnais a-t-il remporté la plus large victoire de son histoire en Championnat ?

- Angers
- GFC Ajaccio
- Marseille

3
AVRIL
7 h 25 20 h 24
St Richard

Réponse :

À deux reprises au cours de son histoire, Lyon s'est imposé sur le score de 8-0, contre Angers (1967) et Marseille (1997). Ce sont les plus larges victoires du club en Championnat de France.

Quel est le premier joueur à avoir remporté la récompense du Soulier d'Or européen ?

- Bebeto
- Eusébio
- Gerd Müller

4
AVRIL
7 h 23 20 h 25
St Isidore

Réponse :

Le Soulier d'Or européen récompense chaque saison le meilleur buteur d'Europe, tous Championnats confondus. Le premier lauréat fut le Portugais Eusébio (42 buts), en 1968.

Quel est le plus jeune buteur de l'histoire du Championnat d'Argentine ?

- Paulo Dybala
- Mario Kempes
- Lionel Messi

5
AVRIL
7 h 21 20 h 27
Ste Irène

Réponse :

Paulo Dybala est devenu, en 2011,
le plus jeune buteur du Championnat d'Argentine,
devant Mario Kempes. Il avait alors 17 ans et 9 mois.

Parmi ces personnalités du foot, qui a déjà participé au Dakar ?

- Michel Hidalgo
- Raymond Kopa
- André Villas-Boas

Réponse :

Ces trois personnalités du foot ont participé au Dakar (rallye-raid) : Hidalgo en 1991, Kopa en 1985 et André Villas-Boas en 2018.

Quelle équipe possède la plus longue série de défaites consécutives à domicile en Ligue 1 ?

- Auxerre
- Metz
- Nantes

7

AVRIL

7 h 17 20 h 30

St Jean-Baptiste de La Salle

Réponse :

Lors de la saison 2017-2018, le FC Metz a établi le triste record de la plus longue série de défaites consécutives à domicile en Ligue 1, en enchaînant 8 matchs perdus, à Saint-Symphorien, d'août à novembre 2017.

Quel joueur a atteint la barre des 300 buts en Liga en disputant le moins de matchs ?

- Alfredo Di Stéfano
- Lionel Messi
- Cristiano Ronaldo

8
AVRIL
7h15 20h31
Ste Julie

Réponse :

Cristiano Ronaldo est devenu, en mars 2018, le joueur qui a atteint la barre des 300 buts en Liga en disputant le moins de matchs (286). Il devance Lionel Messi (334 matchs).

Quel est le seul champion du monde français à n'avoir pris part qu'à un seul match du Mondial 1998 ?

- Vincent Candela
- Lionel Charbonnier
- Patrick Vieira

9

AVRIL

☀ 7h13 ☀ 20h33

St Gauthier

Réponse :

Vincent Candela avait été sacré champion du monde en ne participant qu'à un match (Danemark), tandis que Patrick Vieira en avait disputé deux (Danemark et Brésil). Lionel Charbonnier, lui, n'avait joué aucun match.

À combien de phases finales de Coupe du monde la Croatie a-t-elle participé ?

- 3
- 5
- 7

10
AVRIL
7h11 20h34
St Fulbert

Réponse :

La Croatie, affiliée à la Fédération internationale (FIFA) depuis 1993, a participé à 5 phases finales de Coupe du monde (1998, 2002, 2006, 2014 et 2018).

Quelle nation l'équipe de France a-t-elle le plus souvent affrontée en phase de groupes de Coupe du monde ?

- Mexique
- Suisse
- Uruguay

11
AVRIL
7 h 09 20 h 36
St Stanislas

Réponse :

Le Mexique est l'adversaire le plus souvent rencontré – 4 fois (1930, 1954, 1966 et 2010) – par l'équipe de France en phase de groupes de Coupe du monde.

Quel joueur a disputé le plus grand nombre de matchs en Championnat d'Europe des Nations ?

- Lothar Matthaüs
- Cristiano Ronaldo
- Fernando Torres

12
AVRIL

☀ 7 h 07 ☀ 20 h 37

St Jules

Réponse :

Avec 21 matchs de Championnat d'Europe des nations disputés depuis 2004, Cristiano Ronaldo, vainqueur de l'Euro 2016, détient ce record.

Quel est le joueur étranger ayant disputé le plus grand nombre de matchs pour le Bayern Munich en Bundesliga ?

- Bixente Lizarazu
- Claudio Pizarro
- Franck Ribéry

13
AVRIL
7 h 05 20 h 39
Ste Ida

Réponse :

En décembre 2017, Franck Ribéry est devenu le joueur étranger ayant disputé le plus grand nombre de matchs pour le Bayern Munich en Bundesliga.

Quel ancien joueur a procédé au tirage au sort du Mondial 2018 ?

- Tony Adams
- Gary Lineker
- Alan Shearer

Réponse :

Meilleur buteur de la Coupe du monde 1986, l'Anglais Gary Lineker a procédé au tirage au sort du Mondial 2018.

Contre quelle équipe l'AS Monaco a-t-elle remporté la plus large victoire de son histoire en Championnat de France de première division ?

- Bordeaux
- Metz
- Nice

15
AVRIL
7 h 01 20 h 42
St Paterne

Réponse :

Lors de la saison 1985-1986, Monaco avait pulvérisé Bordeaux (9-0) et remporté ainsi la plus large victoire de son histoire en Championnat de France de première division.

Quelle est la première équipe portugaise à n'avoir marqué aucun point au terme de la phase de groupes de Ligue des champions ?

- Benfica Lisbonne
- FC Porto
- Sporting Portugal

16
AVRIL
6 h 59 20 h 43
St Benoît-Joseph

Réponse :

En 2017, le Benfica Lisbonne est devenu la première équipe portugaise à n'avoir marqué aucun point au terme de la phase de groupes de Ligue des champions.

Quel joueur détient le record du plus grand nombre de cartons rouges reçus dans l'histoire de la Liga ?

- Fernando Hierro
- Gerard Piqué
- Sergio Ramos

17
AVRIL
6 h 57 20 h 45
St Anicet

Réponse :

Depuis décembre 2017 (avec alors 19 cartons rouges), Sergio Ramos est le joueur le plus expulsé de l'histoire de la Liga. Il est aussi le joueur qui a reçu le plus grand nombre de cartons jaunes en Liga.

En novembre 2017, le FC Barcelone lance le jeune Oriol Busquets en Coupe du Roi. Quel lien de parenté l'unit à Sergio Busquets ?

- Aucun
- Ils sont frères
- Ils sont oncle et neveu

18
AVRIL
6 h 55 20 h 46
St Parfait

Réponse :

Prodige annoncé, qui évolue au même poste que le grand Sergio Busquets, Oriol Busquets ne partage aucun lien de parenté avec son aîné.

Quel joueur a remporté le plus grand nombre de victoires avec le même club ?

- Rogerio Ceni
- Ryan Giggs
- Francesco Totti

Réponse :

Gardien de but resté célèbre pour les buts qu'il a marqués (132 au total !), Rogerio Ceni détient le record du plus grand nombre de victoires avec le même club. Avec le São Paulo FC, il a disputé 1 238 matchs et en a remporté plus de 590 !

Quelle est la meilleure performance de la Belgique en Championnat d'Europe ?

- Demi-finaliste
- Finaliste
- Quart-de-finaliste

20
AVRIL
6 h 51 20 h 49
Ste Odette

Réponse :

La meilleure performance de la Belgique en Championnat d'Europe remonte à l'Euro 1980. Les Diables Rouges avaient été finalistes, s'inclinant contre la RFA (2-1).

Quel joueur est le remplaçant qui a marqué le plus grand nombre de buts en Premier League ?

- Jermain Defoe
- Olivier Giroud
- Ole Gunnar Solskjær

21
AVRIL
6 h 49 20 h 51
Pâques • St Anselme

Réponse :

Olivier Giroud est le remplaçant le plus prolifique dans l'histoire de la Premier League. Il a marqué au moins 17 buts après être entré en jeu en cours de match.

Quel joueur a disputé le plus grand nombre de matchs sous le maillot du FC Séville ?

- Juan Arza
- Manolo Jiménez
- Jesús Navas

22
AVRIL
6h47 20h52
Lundi de Pâques •
St Alexandre

Réponse :

Avec plus de 416 apparitions, Jesús Navas est le joueur qui a disputé le plus grand nombre de matchs sous le maillot du FC Séville.

Contre quelle équipe Blaise Matuidi a-t-il marqué son premier but pour la Juventus Turin ?

- Bologne
- Fiorentina
- Genoa

23
AVRIL

6 h 45 20 h 54

St Georges

Réponse :

En 2017, Blaise Matuidi rejoint la Juventus Turin. Quelques mois plus tard, en décembre, le milieu de terrain français inscrit son premier but en Serie A, contre Bologne.

Quel entraîneur a établi la plus longue série d'invincibilité dans trois grands Championnats européens ?

- Carlo Ancelotti
- Pep Guardiola
- José Mourinho

24
AVRIL
6 h 43 20 h 55
St Fidèle

Réponse :

Pep Guardiola a établi ce triple record.
Il détient la plus longue série d'invincibilité en Allemagne (Bayern Munich), en Espagne (FC Barcelone) et en Angleterre (Manchester City) !

Quel est le meilleur buteur de Liverpool contre son voisin Everton ?

- Robbie Fowler
- Steven Gerrard
- Ian Rush

25

AVRIL

☀ 6h42 ☀ 20h57

St Marc

Réponse :

Avec 25 buts, le Gallois Ian Rush est le meilleur buteur de Liverpool dans le derby de la Mersey, qui oppose les Reds à Everton. Il devance Steven Gerrard (10 buts) et Robbie Fowler (6 buts)

Quelle est la première nation africaine à s'être qualifiée en 8es de finales à l'issue de la phase de groupes d'une Coupe du monde ?

- Ghana
- Maroc
- Tunisie

26
AVRIL
6 h 40 20 h 58
Ste Alida

Réponse :

En 1986, le Maroc est devenu la première nation africaine à se qualifier en 8es de finales à l'issue de la phase de groupes d'une Coupe du monde, devançant l'Angleterre, la Pologne et le Portugal. Il a été éliminé par la RFA en 8es de finale.

Quel est le meilleur buteur de l'histoire du Napoli ?

- Marek Hamsík
- Diego Maradona
- Dries Mertens

27
AVRIL
6h38 21h00
Ste Zita

Réponse :

Le Slovaque Marek Hamsík est le meilleur buteur de l'histoire du Napoli. Il devance la légende Diego Maradona (115 buts).

Quel est le seul homme, à ce jour, à avoir remporté la Coupe d'Afrique des Nations comme joueur et comme sélectionneur ?

CAF®

- Mahmoud El-Gohary
- Charles Gyamfi
- Hassan Shehata

28
AVRIL
6h36 21h01
Ste Valérie

Réponse :

L'Égyptien Mahmoud El-Gohary est le seul homme, à ce jour, à avoir remporté la Coupe d'Afrique des Nations comme joueur (en 1959) et comme sélectionneur (en 1998).

Quel joueur de champ a joué le plus grand nombre de matchs de première division du Championnat de France ?

- Sylvain Armand
- Alain Giresse
- Sylvain Kastendeuch

29
AVRIL

6 h 34 21 h 02

Ste Catherine de Sienne

Réponse :

Avec 587 matchs de 1970 à 1988,
Alain Giresse est le joueur de champ
qui a disputé le plus grand nombre de rencontres
du Championnat de France de première division.

Quel est le meilleur buteur de l'histoire du Paris Saint-Germain en Ligue des champions ?

- Edinson Cavani
- Zlatan Ibrahimovic
- Dominique Rocheteau

30
AVRIL
6h33 21h04
St Robert

Réponse :

Depuis septembre 2017, Edinson Cavani
est le meilleur buteur du Paris Saint-Germain
en Ligue des champions.
Il devance Zlatan Ibrahimovic (20 buts).

Quel est le premier joueur à avoir marqué lors des six matchs de son équipe en une phase de groupes de Ligue des champions ?

- Lionel Messi
- Neymar
- Cristiano Ronaldo

1er
MAI

6h31 21h05

Fête du travail • St Jérémy

Réponse :

En 2017, Cristiano Ronaldo est devenu le premier joueur à réussir cet exploit. Il avait marqué pour le Real Madrid lors de chaque rencontre de groupe de la Ligue des champions 2017-2018.

Quel ancien joueur fait partie des actionnaires de Swansea depuis 2016 ?

- Landon Donovan
- Steven Gerrard
- Ruud van Nistelrooy

SWANSEA CITY AFC

2
MAI
6 h 29 21 h 07
St Boris

Réponse :

En 2016, un consortium rachète le club de Swansea.
Parmi les nouveaux actionnaires figure Landon Donovan,
ancien international américain,
qui possède 0,4 % des actions du club.

Quelle est la seule équipe masculine à avoir disputé quatre finales consécutives des Jeux Olympiques ?

- Hongrie
- Royaume-Uni
- Yougoslavie

3
MAI
6 h 28 21 h 08
St Philippe

Réponse :

Finaliste olympique en 1948, 1952 et 1956, la Yougoslavie remporte les JO 1960 et devient la première – et seule à ce jour – nation à avoir disputé quatre finales consécutives des Jeux Olympiques.

En 1977, l'AS Saint-Étienne remportait la Coupe de France pour la dernière fois de son histoire à ce jour. Quelle a été sa meilleure performance dans la compétition depuis ?

- Demi-finaliste
- Finaliste
- Quart de finaliste

4
MAI

6h26 21h10

St Sylvain

Réponse :

Depuis 1977, Saint-Étienne a disputé deux finales de Coupe de France, perdues contre Bastia (1981) et le Paris Saint-Germain (1982).

Où Diego Forlán a-t-il signé début 2018 ?

- À Hong Kong
- Au Canada
- Au Qatar

5
MAI
6 h 24 21 h 11
Ste Judith

Réponse :

Diego Forlán a joué dans de nombreux pays. En 2018, l'ancien international uruguayen s'engage au Kitchee SC, champion en titre de Hong Kong.

Quelle équipe est devenue la première à être éliminée six fois de suite au même stade de la Coupe du monde ?

- Croatie
- Mexique
- Nigeria

6
MAI
6 h 23 21 h 13
Ste Prudence

Réponse :

De 1994 à 2014, le Mexique a établi un record en devenant la première équipe à être éliminée six dois de suite au même stade de la Coupe du monde (en huitième de finale).

Quelle équipe a remporté la victoire la plus large de l'histoire de la Coupe de France ?

- AJ Auxerre
- FC Metz
- RC Lens

7
MAI
6h21 21h14
Ste Gisèle

Réponse :

En 1942, le RC Lens battait Auby-Asturies 32-0 en 16e de finale et remportait la plus large victoire de l'histoire de la Coupe de France.

Quelle a été la première équipe à remporter le Mondial des clubs deux fois d'affilée ?

- FC Barcelone
- Manchester United
- Real Madrid

8

MAI

6h20 · 21h15

Victoire 1945 • St Désiré

Réponse :

Le Real Madrid est devenu en 2017 la première équipe à remporter deux fois d'affilée le Mondial des clubs. Déjà sous les ordres de Zidane, les Merengue l'avaient gagné en 2016.

Quel est le gardien de but ayant disputé le plus de matchs dans l'histoire du FC Barcelone ?

- Richard Dutruel
- Victor Valdés
- Andoni Zubizarreta

9
MAI
6h18 21h17
St Pacôme

Réponse :

Avec 535 matchs toutes compétitions confondues, Victor Valdés est le gardien ayant le plus souvent porté le maillot du FC Barcelone. Il devance Andoni Zubizarreta (410).

Quel est le meilleur buteur en Ligue des champions sur une année civile ?

- Zlatan Ibrahimovic
- Lionel Messi
- Cristiano Ronaldo

10
MAI
6h16 21h18
Ste Solange

Réponse :

En 2017, Cristiano Ronaldo a marqué 18 buts en Ligue des champions et est devenu le meilleur buteur dans l'épreuve sur une année civile.

Quel joueur n'a perdu aucun match de Championnat en 2017 ?

- Bernardo Silva
- Benjamin Mendy
- Marco Verratti

11
MAI
6 h 15 21 h 20
Ste Estelle

Réponse :

En 2017, Bernardo Silva n'a pas perdu un seul match de Championnat, que ce soit avec Monaco ou avec Manchester City où il fut transféré à l'été 2017 !

Quatre grands clubs avaient des maillots virtuels sur le jeu vidéo FIFA 18. Lequel n'en faisait pas partie ?

- Bayern Munich
- Juventus Turin
- Manchester City

12
MAI
6h14 21h21
St Achille

Réponse :

Adidas et EA Sports s'étaient associés pour créer de nouveaux maillots – uniques, virtuels et réservés au mode de jeu FUT dans FIFA 18 – pour le Bayern Munich, la Juventus Turin, Manchester United et le Real Madrid, mais pas Manchester City.

Quelle équipe a remporté le premier match de l'histoire de la Coupe du monde ?

- France
- Mexique
- Yougoslavie

13

MAI

6h12 21h22

Ste Rolande

Réponse :

La France est la nation qui a remporté le premier match de l'histoire de la Coupe du monde, contre le Mexique (4-1), en 1930.

Qui a été le meilleur buteur français en club toutes compétitions confondues en 2017 ?

- Nabil Fekir
- Alexandre Lacazette
- Kylian Mbappé

14
MAI
6h11 21h24
St Matthias

Réponse :

Avec 32 buts marqués toutes compétitions confondues, avec Monaco et le PSG, Kylian Mbappé a été le meilleur buteur français en 2017.

Quel est le plus jeune joueur étranger dans l'histoire du Championnat d'Italie ?

- Valeri Bojinov
- Lampros Choutos
- Nana Welbeck

15
MAI
6h09 21h25
Ste Denise

Réponse :

En janvier 2002, le Bulgare Valeri Bojinov (Lecce) est devenu le plus jeune joueur étranger dans l'histoire du Championnat d'Italie, à 15 ans et 341 jours.

Quel est le meilleur buteur sur une édition dans l'histoire de la Coupe d'Afrique des Nations ?

- Didier Drogba
- Samuel Eto'o
- Pierre Ndaye Mulamba

CAF®

16
MAI

6h08 21h26

St Honoré

Réponse :

Le meilleur buteur sur une édition dans l'histoire de la Coupe d'Afrique des Nations est Pierre Ndaye Mulamba, avec 9 buts, en 1974, avec la République Démocratique du Congo (alors appelée Zaïre).

Quel joueur a disputé le plus grand nombre de matchs de Ligue 2 ?

- Jean-Noël Dusé
- Eugène Ekobo
- David de Freitas

17
MAI
6h07 21h28
St Pascal

Réponse :

Bien que peu connu, Jean-Noël Dusé est le joueur qui a disputé le plus grand nombre de matchs de Ligue 2 : 488 de 1966 à 1986, avec Grenoble, Lille, Quimper, Tours, Rennes et Limoges.

Lors du Clasico Real Madrid-FC Barcelone de décembre 2017, une statistique étonnante concerne Lionel Messi. Laquelle ?

- Il a taclé 21 fois
- Il a marché pendant 83 % du match
- Il a parcouru plus de 17 km

18
MAI
6h06 21h29
St Éric

Réponse :

Statistique pour le moins étonnante et qui démontre la supériorité des Barcelonais ce jour-là : Lionel Messi avait passé 83 % de la durée du match à marcher !

En 2017, quelle a été la personnalité sportive française la plus citée dans les médias ?

- Antoine Griezmann
- Kylian Mbappé
- Zinédine Zidane

19
MAI
6 h 04 21 h 30
St Yves

Réponse :

Kylian Mbappé a été la personnalité sportive française la plus citée dans les médias (44 056 fois) ! En 2016, il figurait au 219e rang !

Harry Kane a été le meilleur buteur de l’année civile 2017 dans les grands Championnats européens. Combien de buts a-t-il marqués ?

- 56
- 60
- 64

20
MAI

6 h 03 21 h 32

St Bernardin

Réponse :

Avec 56 buts, le buteur de Tottenham
a été le meilleur buteur de l'année civile 2017
dans les grands Championnats européens.
Il a devancé Lionel Messi (54 buts) et le trio
Cristiano Ronaldo-Robert Lewandowski-Edinson Cavani (53).

Quel joueur le magazine *France Football* a-t-il désigné joueur français de l'année 2017 ?

- Antoine Griezmann
- N'Golo Kanté
- Kylian Mbappé

21
MAI

6h02 21h33

St Constantin

Réponse :

N'Golo Kanté a été désigné joueur français de l'année 2017 par le magazine *France Football*.

Quel joueur du Borussia Dortmund a été blessé dans l'attentat qui a visé le car du club au printemps 2017 ?

- Marc Bartra
- Marco Reus
- Marcel Schmelzer

BVB 09

22
MAI
6h01 21h34
St Émile

Réponse :

Quelques heures avant le match de Ligue des champions Dortmund-Monaco, le car du Borussia est pris pour cible par un forcené qui fait feu sur le véhicule. Le défenseur Marc Bartra est blessé au bras par des éclats de vitres.

La Juventus Turin a établi en 2017 un nouveau record de titres consécutifs en Serie A. À combien l'a-t-elle porté ?

- 5
- 6
- 7

23
MAI
6h00 21h35
St Didier

Réponse :

En remportant le Championnat en 2017,
la Juventus a porté le record à 6 titres d'affilée en Serie A.

Quel joueur a reçu le plus grand nombre de cartons rouges lors des Clasicos Real Madrid-FC Barcelone ?

- Rafael Márquez
- Sergio Ramos
- Manolo Sanchis

24
MAI
5 h 59 21 h 37
St Donatien

Réponse :

Avec au moins 5 expulsions, Sergio Ramos
est le joueur qui a reçu le plus grand nombre
de cartons rouges lors des Clasicos Real Madrid-FC Barcelone.

Quelle est la première équipe contre laquelle le Paris Saint-Germain a inscrit 7 buts en un match de Ligue des champions ?

- Celtic Glasgow
- La Gantoise
- Rosenborg

25
MAI
5 h 58 21 h 38
Ste Sophie

Réponse :

En 2000, le PSG avait marqué 7 buts en un match pour la première fois de son histoire en Ligue des champions. Sa victime était Rosenborg.

Qui était le capitaine de l'Allemagne victorieuse de la Coupe des Confédérations 2017 ?

- Julian Draxler
- Mats Hummels
- Manuel Neuer

26
MAI
5 h 57 · 21 h 39
Fête des mères • St Bérenger

Réponse :

Victorieuse de la Coupe des Confédérations 2017 aux dépens du Chili, l'Allemagne était conduite par Julian Draxler, qui était le capitaine de l'équipe.

Recruté en décembre 2017 par Liverpool, comment le défenseur Virgil van Dijk s'est-il illustré pour son premier match, contre Everton ?

- En se blessant grièvement
- En marquant le but de la victoire
- En offrant deux passes décisives

27
MAI
5 h 56 21 h 40
St Augustin

Réponse :

Recruté pour plus de 80 millions d'euros, Virgil van Dijk débute sous le maillot de Liverpool contre le rival des Reds, Everton, en janvier 2018. C'est même lui qui marque le but de la victoire à quelques minutes de la fin du derby de la Mersey !

Dans les cinq grands Championnats européens, quelle est la seule équipe présente en première division tout au long de l'année à ne pas avoir concédé de penalty en 2017 ?

- FC Barcelone
- Manchester City
- Paris Saint-Germain

28
MAI
5h55 21h41
St Germain

Réponse :

En 2017, le FC Barcelone n'a pas concédé le moindre penalty. C'est la seule équipe des cinq grands Championnats européens, présente en première division tout au long de l'année, dans ce cas.

De retour à l'Atlético de Madrid en janvier 2018, comment Diego Costa s'est-il fait remarquer lors de son premier match avec les Colchoneros ?

- En marquant
- En se faisant expulser
- En se disputant avec un coéquipier

29
MAI
5h54 21h42
St Aymard

Réponse :

Pour son retour sous les couleurs de l'Atlético de Madrid, contre Getafe, Diego Costa s'est doublement illustré. D'abord, de manière positive, en marquant un but. Puis, de façon négative, en se faisant expulser.

Quel champion du monde 1998 a fini sa carrière en Ligue 2, à Créteil et Clermont ?

- Lionel Charbonnier
- Bernard Diomède
- Stéphane Guivarc'h

30

MAI

5h53 21h43

Ascension • St Ferdinand

Réponse :

Il s'agit de Bernard Diomède.
Après avoir été champion du monde avec les Bleus, il a quitté Auxerre pour Liverpool où il ne disputa que cinq matchs en trois ans. Après une saison à l'AC Ajaccio, il a terminé sa carrière en Ligue 2, à Créteil puis Clermont.

À quand remonte le dernier titre remporté par Rennes ?

- 1965
- 1971
- 1983

STADE RENNAIS
FOOTBALL CLUB
1901

31
MAI
5h53 21h44
Visitation

Réponse :

Le dernier titre du Stade Rennais remonte à 1983.
Le club breton avait alors remporté
le Championnat de France de deuxième division.

À l'effigie de quel héros de dessin animé « Papu » Gomez portait-il le brassard de capitaine de l'Atalanta, contre la Roma, en janvier 2018 ?

- Barbie
- Peppa Pig
- Sam le pompier

1er
JUIN
5 h 52 21 h 45
St Justin

Réponse :

Pour célébrer l'anniversaire de sa fille (3 ans), « Papu » Gomez portait un brassard à l'effigie de Peppa Pig, dessin animé préféré de la petite Conti.

Quel est, à ce jour, le seul entraîneur à avoir remporté deux Coupes d'Afrique des Nations avec deux sélections différentes ?

- Hugo Broos
- Roger Lemerre
- Hervé Renard

CAF®

Réponse :

Vainqueur de la CAN en 2012 – avec la Zambie – et en 2015 – avec la Côte d'Ivoire –, Hervé Renard est, à ce jour, le seul entraîneur à avoir remporté deux Coupes d'Afrique des Nations avec deux sélections différentes.

Quel club détient le record de finales de Coupe de France perdues ?

- AJ Auxerre
- Olympique de Marseille
- Stade Rennais

3
JUIN
5h51 21h47
St Kevin

Réponse :

Avec au moins 9 défaites, l'OM détient le record de finales perdues en Coupe de France.

Parmi ces gardiens de but, lequel a arrêté au moins deux penaltys en Ligue 1 en 2017 ?

- Alphonse Areola
- Anthony Lopes
- Mike Maignan

4
JUIN
5 h 50 21 h 48
Ste Clotilde

Réponse :

En 2017, cinq gardiens ont arrêté au moins deux penaltys en Ligue 1 en 2017 : Mike Maignan, Walter Benítez, Benoît Costil, Eiji Kawashima et Baptiste Reynet. Alphonse Areola et Anthony Lopes n'en font pas partie.

Quel fut le premier joueur de l'Olympique de Marseille à devenir président de son pays ?

DROIT AU BUT

- Ahmed Ben Bella
- Jean-Santos N'Diela Muntubila
- George Weah

5
JUIN
5h49 21h49
St Igor

Réponse :

Ahmed Ben Bella, à l'OM en 1939-1940, fut le premier joueur de l'Olympique de Marseille à devenir président de son pays (Algérie), en 1962. George Weah, à l'OM en 2000-2001, est devenu président du Libéria en 2018.

À combien de phases finales de Coupe du monde la Suède a-t-elle participé ?

- 10
- 12
- 14

6
JUIN
5h49 21h50
St Norbert

Réponse :

La Suède a participé à 12 phases finales de Coupe du monde (1934, 1938, 1950, 1958, 1970, 1974, 1978, 1990, 1994, 2002, 2006 et 2018).

Quel joueur a disputé le plus grand nombre de matchs sans en gagner un seul en Ligue 1 en 2017 ?

- Morgan Amalfitano
- Renaud Cohade
- Ivan Santini

7
JUIN
5 h 48 21 h 51
St Gilbert

Réponse :

En 2017, Morgan Amalfitano a été le joueur qui a disputé le plus grand nombre de matchs de Ligue 1 (18) sans en gagner un seul (10 nuls, 8 défaites). Coïncidence : au Stade Rennais, il portait cette année-là le numéro 18.

Dans quel secteur Vincent Kompany a-t-il obtenu une Maîtrise en 2017 ?

- Administration des affaires
- Économie et droit du sport
- Management du sport

8
JUIN
5h48 21h51
St Médard

Réponse :

Le défenseur belge est aussi brillant sur le terrain qu'en dehors. En 2017, il a obtenu une Maîtrise en Administration des affaires, délivrée par l'Alliance Manchester Business School.

Pourquoi Sebastián Abreu est-il entré au *Guiness Book* en décembre 2017 ?

- Parce qu'il a été expulsé pour la 26e fois de sa carrière
- Parce qu'il a signé dans le 26e club de sa carrière
- Parce qu'il s'est blessé pour la 26e fois de sa carrière

Réponse :

En signant à l'Audax Italiano, en décembre 2017, l'Uruguayen Sebastián Abreu rejoignait le 26e club de sa carrière et faisait ainsi son entrée au *Guiness Book*.

Quel entraîneur a officié à la tête d'une équipe dans le plus grand nombre de matchs de Premier League ?

- Matt Busby
- Sir Alex Ferguson
- Arsène Wenger

10
JUIN

5 h 47 · 21 h 53

Lundi de Pentecôte • Ste Gloria

Réponse :

C'est Arsène Wenger qui a officié dans le plus grand nombre de matchs de Premier League, en qualité de manager d'Arsenal. Il devance notamment Sir Alex Ferguson (810 matchs avec Manchester United).

Quelle équipe a utilisé le plus grand nombre de joueurs parmi les clubs des grands Championnats européens, en 2017 ?

- FC Metz
- Girondins de Bordeaux
- Olympique Lyonnais

Réponse :

Le FC Metz est l'équipe qui a utilisé le plus grand nombre de joueurs (41) parmi les clubs des grands Championnats européens, en 2017.

Quel chiffre d'affaires record Chelsea a-t-il annoncé avoir réalisé pour la saison 2016-2017 ?

- 361,3 M€
- 406,6 M€
- 451,9 M€

12
JUIN
5 h 47 21 h 54
St Guy

Réponse :

En décembre 2017, Chelsea a annoncé avoir réalisé un chiffres d'affaires record pour la saison 2016-2017 :406,6 M€ !

Quel joueur a délivré le plus grand nombre de passes décisives sans marquer en Ligue 1 en 2017 ?

- Thomas Mangani
- Kenny Tete
- Almamy Touré

13
JUIN

5 h 47 21 h 55

St Antoine de Padoue

Réponse :

Almamy Touré est le joueur qui a délivré le plus grand nombre de passes décisives (7) sans marquer en Ligue 1 en 2017.

Parmi ces équipes, laquelle a déjà remporté le Championnat du Portugal ?

- Belenenses
- Braga
- Vitória Guimarães

14
JUIN
5h47 21h55
St Élisée

Réponse :

Derrière le trio de tête (Benfica, Porto, Sporting), seules deux équipes ont remporté le Championnat portugais : Boavista (en 2001) et Belenenses (en 1946).

Quel type d'enseigne Lukas Podolski a-t-il ouvert à Cologne début 2018 ?

- Un food-truck
- Un kebab
- Un restaurant japonais

15
JUIN
5 h 46 21 h 56
Ste Germaine

Réponse :

Alors joueur de Vissel Kobe, au Japon, l'attaquant germano-polonais a ouvert un kebab, à Cologne, au début de l'année 2018. Son passage par le club turc de Galatasaray (2015-2017) a sans doute influencé son choix.

Contre quelle équipe Edinson Cavani a-t-il marqué son 100e but en Ligue 1 ?

- Angers
- Nantes
- Troyes

16
JUIN

5 h 46 21 h 56

Fête des pères •
St Jean-François

Réponse :

En novembre 2017, Edinson Cavani
a inscrit ses 100e et 101e buts en Ligue 1 contre Angers.

Quel était le match d'ouverture de la Coupe du monde 2018 ?

- Russie-Arabie saoudite
- Russie-Égypte
- Russie-Uruguay

17
JUIN
5 h 46 21 h 57
St Hervé

Réponse :

Le premier match du Mondial 2018 opposait la Russie – pays hôte – à l'Arabie saoudite. C'était seulement la deuxième confrontation entre les deux nations.

Quel gardien détient le triste record du plus grand nombre de buts encaissés en une saison de Liga ?

- Iñaki Aizpurúa
- Guillermo Ochoa
- Salvatore Sirigu

18
JUIN
5 h 46 21 h 57
St Léonce

Réponse :

Avec 82 buts tout au long de la saison 2016-2017, Guillermo Ochoa est devenu le gardien ayant encaissé le plus grand nombre de buts en une saison de Liga.

Quel est le plus jeune joueur à avoir marqué 10 buts en Ligue des champions ?

- Karim Benzema
- Kylian Mbappé
- Javier Saviola

19
JUIN
5 h 47 21 h 57
St Romuald

Réponse :

En décembre 2017, à 18 ans et 350 jours et en seulement 15 matchs, Kylian Mbappé est devenu le plus jeune joueur à atteindre la barre des 10 buts marqués en Ligue des champions, devançant Karim Benzema (20 ans et 307 jours) et Javier Saviola (21 ans et 90 jours).

En décembre 2018, dans quelle ville s'est déroulé le tirage au sort des groupes de qualifications pour l'Euro 2020 ?

- Dublin
- Helsinki
- Nyon

20
JUIN
5 h 47 21 h 57
St Silvère

Réponse :

Le tirage au sort des groupes de qualifications pour l'Euro 2020 s'est déroulé, en décembre 2018, dans la capitale irlandaise, Dublin.

Quel joueur a marqué le premier but de l'histoire au Groupama Stadium, le stade de l'Olympique Lyonnais ?

OLYMPIQUE LYONNAIS

- Nabil Fekir
- Alexandre Lacazette
- Mathieu Valbuena

21
JUIN
5h47 21h58
Été • St Gonzague

Réponse :

Alors que l'Olympique Lyonnais débutait dans son nouvel écrin, le 9 janvier 2016, contre Troyes, Alexandre Lacazette avait marqué le premier but de l'histoire au Groupama Stadium (également appelé Parc Olympique Lyonnais).

Quel record Cédric Bakambu a-t-il établi à l'hiver 2018 ?

- Il est devenu le meilleur buteur africain en un match
- Il est devenu le joueur africain le plus rapidement exclu dans un match
- Il est devenu le joueur africain le plus cher de l'histoire

22
JUIN
5h47 21h58
St Alban

Réponse :

Recruté à Villarreal par Beijing Guoan, Cédric Bakambu est devenu, à l'hiver 2018, le joueur africain le plus cher de l'histoire. Le club chinois a déboursé l'équivalent de 74 millions d'euros pour s'attacher ses services.

Depuis l'instauration de la victoire à 3 points, quelle est la seule équipe à s'être maintenue en première division du Championnat de France avec 11 points à mi-parcours ?

- AS Saint-Étienne
- FC Metz
- RC Lens

Réponse :

Une seule équipe a réussi ce miracle. En 1988-1989, l'AS Saint-Étienne ne comptait que 11 points à la trêve et avait tout de même réussi à se sauver à la fin du Championnat, en terminant finalement 14e avec 48 points.

Quel est le seul joueur à avoir marqué au cours de deux finales de l'Euro ?

- Thierry Henry
- Cristiano Ronaldo
- Fernando Torres

24
JUIN
5 h 48 21 h 58
Fête nationale québécoise • St Jean-Baptiste

Réponse :

Le seul joueur qui ait réussi à marquer lors de deux finales de l'Euro est Fernando Torres, en 2008 et 2012.

Quel est le meilleur buteur de l'histoire de Tottenham en Premier League ?

TOTTENHAM HOTSPUR

- Jimmy Greaves
- Harry Kane
- Teddy Sheringham

25
JUIN
5 h 48 21 h 58
St Prosper

Réponse :

Depuis janvier 2018, Harry Kane est le meilleur buteur de l'histoire de Tottenham en Premier League, devant Teddy Sheringham (97 buts).

Quel entraîneur compte le plus grand nombre de victoires face aux équipes de Pep Guardiola ?

- Jürgen Klopp
- José Mourinho
- Arsène Wenger

26
JUIN
5 h 48 21 h 58
St Anthelme

Réponse :

Les équipes de Pep Guardiola sont généralement très difficiles à battre. Mais Jürgen Klopp tire bien son épingle du jeu contre le coach catalan, puisqu'il est l'entraîneur qui compte le plus grand nombre de victoires contre ce dernier.

Quelle équipe compte le plus grand nombre de points en une saison dans l'histoire de la Serie A ?

- AC Milan
- AS Roma
- Juventus Turin

Réponse :

Avec 102 points empochés en 2013-2014,
la Juventus Turin détient ce record !

En novembre 2017, le CSKA Moscou bat Benfica (2-0). Depuis combien de temps le gardien Igor Akinfeev encaissait-il au moins un but lors de chaque match de Ligue des champions ?

- 8 ans
- 11 ans
- 13 ans

28
JUIN

5 h 49 21 h 58

St Irénée

Réponse :

La victoire face au Benfica a fait sans doute plaisir au gardien du CSKA Moscou, Igor Akinfeev. Pour la première fois depuis le 1er novembre 2006, soit 11 ans et 3 mois (et 43 rencontres), il a disputé un match de Ligue des champions sans encaisser de but !

Quel joueur a disputé le plus grand nombre de Clasicos Real Madrid-FC Barcelone ?

- Andrés Iniesta
- Lionel Messi
- Manolo Sanchis

Réponse :

Manolo Sanchis, ancien défenseur du Real Madrid, est le joueur qui a disputé le plus grand nombre de Clasicos (43).

Quel est le premier joueur à avoir marqué plus de 20 buts pendant 5 saisons consécutives de Premier League ?

- Thierry Henry
- Harry Kane
- Alan Shearer

Réponse :

Thierry Henry est le premier à avoir réussi cet exploit, avec Arsenal. De 2001 à 2006, il a même marqué au minimum 24 buts par saison en Premier League.

Pourquoi Jérémy Toulalan a-t-il quitté Bordeaux en janvier 2018 ?

- À cause d'un désaccord concernant sa prolongation de contrat
- À cause du licenciement de l'entraîneur
- Parce que l'entraîneur le faisait jouer à un poste qui ne lui convenait pas

1er
JUILLET
5 h 51 · 21 h 58
Fête nationale canadienne • St Thierry

Réponse :

Suite au licenciement de l'entraîneur Jocelyn Gourvennec – dont il était très proche –, Jérémy Toulalan a demandé la résiliation de son contrat. Les dirigeants de Bordeaux ont accepté sa requête et le joueur a quitté le club dans la foulée.

Comment Kent Roger Solheim – supporter norvégien de Liverpool – a-t-il prénommé sa fille, née en janvier 2018 ?

- Anfield
- Shankly
- Ynwa

2

JUILLET

5 h 52 · 21 h 57

St Martinien

Réponse :

Fan de Liverpool, Kent Roger Solheim vit en Norvège, à Sandfjord. Quand sa fille est née, en janvier 2018, il a décidé de la prénommer Ynwa, acronyme de *You'll never walk alone*, le chant mythique des supporters de Liverpool.

Quelle est l'équipe pour laquelle Mario Balotelli a marqué le plus grand nombre de buts ?

- Inter Milan
- Manchester City
- OGC Nice

3
JUILLET
5 h 52 21 h 57
St Thomas

Réponse :

Depuis janvier 2018 et une confrontation contre Monaco, l'OGC Nice est l'équipe pour laquelle Mario Balotelli a marqué le plus grand nombre de buts, devant l'AC Milan (33 buts), Manchester City (30), l'Inter Milan (28) et Liverpool (4).

Comment le Brésil a-t-il remporté la Copa Roca en 1939 ?

- En transformant un coup franc tiré depuis le rond central
- En transformant un penalty dans un but vide
- En inscrivant un but marqué par un supporter

4
JUILLET
5 h 53 21 h 57
St Florent

Réponse :

Compétition opposant le Brésil à l'Argentine de façon discontinue entre 1914 et 1971, la Copa Roca a fait l'objet d'un scénario incroyable en 1939. Alors que les deux équipes sont à égalité (2-2), l'arbitre accorde un penalty au Brésil. Une bagarre générale éclate, la police pénètre sur la pelouse et s'en prend aux Argentins. Ces derniers quittent le terrain, le Brésil tire le penalty dans le but vide et remporte la rencontre !

Quelle mésaventure Gary Lineker a-t-il vécu lors d'Angleterre-Irlande, au Mondial 1990 ?

- Il s'est déféqué dessus
- Il s'est sectionné un doigt
- Il a perdu son short

5
JUILLET
5 h 54 21 h 56
St Antoine

Réponse :

Pris de problèmes gastriques, Gary Lineker s'était déféqué dessus lors d'Angleterre-Irlande au Mondial 1990.

Quel joueur de la Juventus Turin a défilé à la Fashion Week 2018 de Milan ?

- Mehdi Benatia
- Gianluigi Buffon
- Paulo Dybala

JUVENTUS

6
JUILLET
5 h 54 21 h 56
Ste Mariette

Réponse :

Alors blessé à une cuisse, l'Argentin Paulo Dybala avait défilé en janvier 2018 à la Fashion Week de Milan pour la marque Dolce & Gabbana.

Quel joueur fêtait sa première sélection en Bleu à l'occasion du match d'inauguration du Stade de France, France-Espagne, en janvier 1998 ?

- Lionel Charbonnier
- Bernard Diomède
- David Trezeguet

7
JUILLET
5h55 21h55
St Raoul

Réponse :

Deux Français avaient fêté leur première sélection en équipe nationale lors de ce match, le premier de l'histoire au Stade de France : Bernard Diomède et David Trezeguet. Quelques mois plus tard, ils devenaient champions du monde !

Contre quelle équipe le Paris Saint-Germain a-t-il remporté la plus large victoire à domicile de son histoire en Ligue 1 ?

- Amiens
- Dijon
- Troyes

8

JUILLET

5 h 56 21 h 55

St Thibault

Réponse :

Si le club de la capitale a remporté la plus large victoire (tout court) de son histoire en Ligue 1 contre Troyes, à l'extérieur, en 2015-2016 (9-0), il a remporté la plus large victoire à domicile de son histoire en Ligue 1 contre Dijon, en 2017-2018 (8-0).

Quel est le meilleur résultat de Boulogne-sur-Mer en Coupe de France ?

- Demi-finaliste
- Huitième de finaliste
- Quart de finaliste

U.S. Boulogne
Côte d'Opale

Réponse :

En 1937, Boulogne-sur-Mer atteignait les demi-finales de la Coupe de France – s'inclinant contre Sochaux, le futur vainqueur –, ce qui représente le meilleur résultat de son histoire dans la compétition.

Contre quelle équipe Lionel Messi a-t-il marqué un quintuplé en huitième de finale de Ligue des champions, en mars 2012 ?

- Arsenal
- Bayer Leverkusen
- Chelsea

10
JUILLET
5 h 58 21 h 54
St Ulrich

Réponse :

En mars 2012, Lionel Messi avait atomisé à lui tout seul le Bayer Leverkusen, inscrivant un quintuplé – un record en Ligue des champions.

Quel footballeur l'actrice Pamela Anderson fréquentait-elle en fin d'année 2017 ?

- Yohan Cabaye
- Yann M'Vila
- Adil Rami

11
JUILLET
5 h 59 21 h 53
St Benoît • Ste Olga

Réponse :

Alors qu'Adil Rami venait de rejoindre Marseille quelques mois plus tôt, on apprenait que le défenseur fréquentait la sulfureuse actrice Pamela Anderson, que l'on avait pu apercevoir à plusieurs reprises au Vélodrome.

Contre quelle équipe Oleg Salenko a-t-il marqué, en 1994, cinq buts en un match de Coupe du monde ?

- Cameroun
- Colombie
- Corée du Sud

12
JUILLET
6 h 00 21 h 52
St Olivier

Réponse :

En 1994, le Russe Oleg Salenko avait établi un record en marquant cinq buts en un seul match de Coupe du monde. Tous du pied droit, dont un sur penalty, en 75 minutes. C'était contre le Cameroun.

Quelle équipe détient le record du nombre de matchs consécutifs remportés à l'Euro ?

- France
- Pays-Bas
- République tchèque

Réponse :

Avec 5 victoires, ces trois nations détiennent le record du nombre de matchs consécutifs remportés dans l'Euro : la France en 1984, les Pays-Bas en 1988 et 1992 et la République tchèque en 2000 et 2004.

Quel bonus ne figurait pas dans le contrat du transfert d'Anthony Martial à Manchester United ?

- 10 millions d'euros à partir de 25 buts marqués avec Manchester United
- 10 millions d'euros à partir de 10 buts marqués en Coupe d'Europe avec Manchester United
- 10 millions d'euros à partir de 25 sélections en équipe de France

14
JUILLET
6h02 21h51
Fête nationale française • St Camille

Réponse :

Retentissant transfert de l'été 2015, la signature d'Anthony Martial à Manchester United prévoyait divers bonus pour Monaco (le club vendeur), en plus des 50 millions d'euros initiaux. Mais il n'était pas prévu que Monaco empoche 10 millions d'euros si le joueur marquait 10 buts pour les *Red Devils* en Coupe d'Europe.

Quel sélectionneur a dirigé l'équipe d'Italie le plus grand nombre de fois ?

- Enzo Bearzot
- Vittorio Pozzo
- Arrigo Sacchi

Réponse :

Sélectionneur de l'Italie de 1977 à 1986 (champion du monde en 1982), Enzo Bearzot est celui qui a dirigé la *Squadra Azzurra* pour le plus grand nombre de matchs (88), juste devant Vittorio Pozzo (1929-1948, 87 matchs, double champion du monde). Arrigo Sacchi en compte 53 (dont la finale du Mondial 1994).

Quel est le seul Français inscrit au *Hall of Fame* de l'AS Roma ?

- Vincent Candela
- Olivier Dacourt
- Ludovic Giuly

Réponse :

Champion d'Italie avec l'équipe de la Louve, en 2001, et ayant porté 289 fois le maillot de la Roma (1997-2005), Vincent Candela, champion du monde et d'Europe avec les Bleus en 1998 et 2000, est entré dans le cœur des *tifosis* romains, qui l'ont inscrit au *Hall of Fame* du club.

Quel est le meilleur buteur français dans l'histoire de la Coupe de la Ligue ?

- Lilian Compan
- Stéphane Guivarc'h
- Peguy Luyindula

17
JUILLET
6 h 05 21 h 48
Ste Charlotte

Réponse :

Le meilleur buteur français dans l'histoire de la Coupe de la Ligue est Stéphane Guivarc'h – champion du monde 1998 –, avec 11 buts.

Quel fut le tout premier adversaire européen de Marseille ?

- Dukla Prague
- Göztepe SK
- Royale Union Saint-Gilloise

DROIT AU BUT

18
JUILLET
6h06 21h47
St Frédéric

Réponse :

Le premier adversaire européen de l'OM fut la Royale Union Saint-Gilloise (Belgique), qui élimina les Phocéens en 16e de finale de la Coupe des villes de foires 1962-1963.

À combien de phases finales de la Coupe du monde l'Irlande du Nord a-t-elle participé ?

- 1
- 2
- 3

19
JUILLET
6 h 07 21 h 46
St Arsène

Réponse :

L'Irlande du Nord a participé à 3 phases finales de la Coupe du monde (1958, 1982 et 1986).

Quel club a terminé meilleure attaque de Ligue 1 le plus souvent ?

- Lyon
- Paris Saint-Germain
- Saint-Étienne

Réponse :

L'AS Saint-Étienne est le club qui a terminé meilleure attaque de Ligue 1 le plus souvent (9 fois).

Avec quel club Gerard Piqué a-t-il fait ses débuts professionnels ?

- FC Barcelone
- Manchester United
- Real Saragosse

21

JUILLET

6 h 09 — 21 h 44

Fête nationale belge • St Victor

Réponse :

S'il a été formé à La Masia de Barcelone (le centre de formation du Barça), Gerard Piqué a fait ses débuts professionnels avec Manchester United, en 2004. Prêté à Saragosse en 2006-2007, il est revenu au FC Barcelone en 2008.

Quelle est la seule équipe à avoir remporté la Coupe de France sans avoir affronté la moindre équipe de première division ?

- FC Metz
- RC Strasbourg
- Stade Rennais

Réponse :

Le FC Metz est – à ce jour – la seule équipe à avoir remporté la Coupe de France sans avoir affronté la moindre équipe de première division. C'était en 1988.

Quel club a disputé le plus grand nombre de matchs de première division du Championnat de France ?

- AS Saint-Étienne
- FC Sochaux-Montbéliard
- Olympique de Marseille

23
JUILLET
6h12 21h42
Ste Brigitte

Réponse :

L'Olympique de Marseille est le club ayant disputé le plus grand nombre de matchs de première division du Championnat de France (2 436 à la fin de la saison 2017-2018).

Qui Thierry Henry a-t-il détrôné quand il est devenu meilleur buteur de l'histoire d'Arsenal ?

- Dennis Bergkamp
- Ted Drake
- Ian Wright

24
JUILLET
6h13 21h40
Ste Christine

Réponse :

Thierry Henry est devenu le meilleur buteur de l'histoire d'Arsenal en octobre 2005. Il détrônait alors Ian Wright, qui s'était arrêté à 185 buts avec les Gunners.

Quel fut le tout premier adversaire de l'OGC Nice en Coupe d'Europe ?

- Fenerbahçe
- Glasgow Rangers
- Sporting Portugal

25
JUILLET
6h14 21h39
St Jacques

Réponse :

L'OGC Nice a disputé son premier match de Coupe d'Europe en Coupe Latine – compétition disparue en 1957 – contre le Sporting Portugal (victoire 4-2), en 1952.

Quel est le dernier joueur de l'AJ Auxerre à avoir marqué un but en Coupe du monde ?

- Valter Birsa
- Khalilou Fadiga
- Stéphane Grichting

26
JUILLET
6 h 15 • 21 h 38
Ste Anne • St Joachim

Réponse :

En 2010, alors qu'il joue à Auxerre, Valter Birsa dispute le Mondial avec la Slovénie et marque un but. C'est le dernier buteur de l'AJA en Coupe du monde.

Quel est le meilleur buteur étranger de l'histoire du Borussia Dortmund ?

- Pierre-Emerick Aubameyang
- Stéphane Chapuisat
- Robert Lewandowski

BVB 09

Réponse :

Transféré à Arsenal à l'hiver 2018, le Gabonais Pierre-Emerick Aubameyang est le meilleur buteur étranger (141 buts) de l'histoire du Borussia Dortmund.

Quel est le plus jeune gardien de but étranger à avoir débuté en Liga ?

- Yassine Bounou
- Guillermo Ochoa
- Francis Uzoho

28
JUILLET
6 h 18 · 21 h 35
St Samson

Réponse :

Le 15 octobre 2017, le Nigérian Francis Uzoho débute en Liga avec le Deportivo la Corogne contre Eibar. À 18 ans et 352 jours, il devient le plus jeune gardien de but étranger à avoir joué en Liga.

En 2017, le Paris Saint-Germain devient l'équipe à avoir inscrit le plus grand nombre de buts en phase de groupes dans l'histoire de la Ligue des champions. Combien en a-t-il marqué ?

- 21
- 25
- 28

29
JUILLET
6 h 19 21 h 34
Ste Marthe

Réponse :

Avec son trio offensif Mbappé-Cavani-Neymar, le PSG avait explosé les records et marqué 25 buts en 6 matchs dans son groupe de Ligue des champions.

Quel joueur a inscrit le 500e but de l'Olympique Lyonnais en Coupe de France ?

- Maxime Gonalons
- Juninho
- Bertrand Traoré

30

JUILLET

6 h 21 21 h 33

Ste Juliette

Réponse :

Le 500e but de l'Olympique Lyonnais en Coupe de France a été inscrit par Bertrand Traoré, en 2018, au stade Louis-II, sur le terrain de l'AS Monaco. Juninho avait marqué le 400e.

Pourquoi le public a-t-il envahi la pelouse du Stade de France lors de France-Allemagne en novembre 2015 ?

- En raison d'une bagarre entre supporters
- À cause d'un mouvement de foule dans les tribunes
- Par mesure de sécurité après des attaques terroristes

31
JUILLET
6 h 22 21 h 31
St Ignace de Loyola

Réponse :

Le 13 novembre 2015 est une date tristement célèbre en raison des attentats dans Paris et aux abords du Stade de France. Le public avait envahi la pelouse lors de France-Allemagne par mesure de sécurité après les attaques terroristes.

Quel joueur a marqué les 2 300e et 2 400e buts du Stade Rennais en première division du Championnat de France ?

- Alexander Frei
- Kim Källström
- Mickaël Pagis

1er
AOÛT

6 h 23 — 21 h 30

Fête nationale suisse • St Alphonse

Réponse :

Le Suédois Kim Källström est à la fois l'auteur des 2 300e (en 2004) et 2 400e (en 2006) buts du Stade Rennais en Ligue 1. Le 2 500e a été marqué par Mickaël Pagis, en 2008.

Quel est le seul adversaire que Caen a affronté en Coupe d'Europe ?

- Celtic Glasgow
- FC Porto
- Real Saragosse

2
AOÛT
6 h 25 21 h 28
St Julien

Réponse :

Caen n’a disputé qu’un tour de Coupe d’Europe,
lors de la Coupe de l’UEFA 1992-1993,
contre le Real Saragosse (3-2, 0-2).

Quel entraîneur a concédé le plus de matchs nuls dans l'histoire du Championnat de France de première division ?

- Jean Fernandez
- Kader Firoud
- Guy Roux

3
AOÛT
6 h 26 21 h 27
Ste Lydie

Réponse :

Kader Firoud est l'entraîneur qui a concédé le plus de matchs nuls (264) dans l'histoire du Championnat de France de première division, devant Guy Roux (261).

Quel est le meilleur buteur contre le Real Madrid en Liga ?

- Diego Forlán
- Lionel Messi
- Fernando Torres

4
AOÛT
6 h 27 21 h 25
St Jean-Marie Vianney

Réponse :

Avec au moins 17 buts, Lionel Messi est le meilleur buteur contre le Real Madrid dans l'histoire de la Liga.

Un seul gardien a marqué un but dans un match perdu par son équipe dans l'histoire du Championnat de France de première division. Lequel ?

- Bernard Lama
- Dragan Pantelic
- Grégory Wimbée

5
AOÛT
6 h 29 21 h 24
St Abel

Réponse :

Bernard Lama est le seul gardien à avoir marqué un but dans un match perdu par son équipe dans l'histoire du Championnat de France de première division. C'était en 1992, sur penalty, lors d'une défaite (3-2) de Lens face à Metz.

Dans quel stade a eu lieu la finale de la Ligue des champions, en 2018 ?

- Camp Nou (Barcelone)
- Stade Krestovsky (Saint-Pétersbourg)
- Stade olympique de Kiev

6
AOÛT
6 h 30 21 h 22
St Octavien

Réponse :

La finale de la Ligue des champions s’est déroulée au Stade olympique de Kiev, en 2018.

À quelle fonction Kakha Kaladze, ancien joueur de l'AC Milan, a-t-il été élu en octobre 2017 ?

- Président de la République géorgienne
- Président du Parlement géorgien
- Maire de Tbilissi

7
AOÛT
6h31 21h21
St Gaétan

Réponse :

Kakha Kaladze, ancien international géorgien, passé notamment par l'AC Milan entre 2001 et 2010, a été élu maire de Tbilissi, la capitale de la Géorgie, en octobre 2017.

Quel club français a infligé au Celtic Glasgow sa plus lourde défaite à domicile en Coupe d'Europe ?

- Lyon
- Monaco
- Paris Saint-Germain

8
AOÛT
6 h 33 21 h 19
St Dominique

Réponse :

En septembre 2017, le Paris Saint-Germain s'est imposé 5-0 sur la pelouse du Celtic Glasgow, infligeant au club écossais sa plus lourde défaite à domicile en Coupe d'Europe.

En janvier 2018, qu'a dû modifier le club de Houilles pour que son stade soit homologué pour la réception de Concarneau en 32es de finale de la Coupe de France ?

- La longueur de son banc de touche
- Les lavabos de son vestiaire
- Le parking

Réponse :

En janvier 2018, pour que son stade soit homologué pour la réception de Concarneau en 32es de finale de la Coupe de France, Houilles a dû modifier la longueur de son banc de touche et les lavabos de son vestiaire.

En janvier 2018, Kazuyoshi Miura prolonge son contrat avec Yokohama FC. Il a alors 50 ans et a débuté sa carrière en 1986 ! Quel fut son premier club professionnel ?

- Genoa
- Kyoto Sanga
- Santos

Réponse :

Forcément, Kazuyoshi Miura a établi des records exceptionnels, comme celui de la carrière la plus longue ! En 1986, l'attaquant japonais avait débuté en professionnel au Brésil, dans le club mythique de Santos.

Quel est le meilleur buteur de l'histoire de Troyes ?

- Adama Niane
- Mamadou Niang
- Benjamin Nivet

11
AOÛT
6h37 21h14
Ste Claire

Réponse :

Le meilleur buteur de l'ESTAC est Benjamin Nivet. C'est aussi le joueur ayant disputé le plus de matchs dans l'histoire du club de l'Aube.

Quel joueur a inscrit 100 buts en Premier League en disputant le moins de matchs ?

- Harry Kane
- Alan Shearer
- Luis Súarez

12
AOÛT
6h38 21h12
Ste Clarisse

Réponse :

Alan Shearer est le joueur qui a disputé le moins de matchs de Premier League (124) pour marquer 100 buts. Il est suivi par Harry Kane qui a dû jouer 141 matchs pour atteindre ce total.

Neymar a fêté ses 26 ans en février 2018.
Parmi ces personnalités, qui était invité ?

- Luiz Gustavo
- Javier Mascherano
- Cristiano Ronaldo

13
AOÛT
6 h 40 21 h 10
St Hippolyte

Réponse :

Alors au sommet de son art avec le Paris Saint-Germain, Neymar avait fêté en grande pompe ses 26 ans. Parmi les invités, on comptait notamment – et à la surprise générale – le Marseillais Luiz Gustavo !

Quel joueur a marqué le 1 000e but d'Arsenal à domicile en Premier League ?

- Thierry Henry
- Shkodran Mustafi
- Aaron Ramsey

14
AOÛT
6h41 21h09
St Évrard

Réponse :

Le 11 mars 2018, Shkodran Mustafi a marqué, contre Watford, le 1 000e but de l'histoire d'Arsenal à domicile en Premier League.

Parmi les 23 Bleus retenus pour l'Euro 2016, combien étaient passés par la Ligue 2 ?

- Aucun
- 5
- 10

Réponse :

Lors de l'Euro 2016, 10 joueurs de l'équipe de France étaient passés par la Ligue 2 durant leur carrière : Mandanda, Costil, Jallet, Évra, Koscielny, Schneiderlin, Kanté, Matuidi, Giroud et Gignac.

En 2012, Lionel Messi a établi le record du nombre de buts en une année civile. À combien de réalisations l'a-t-il porté ?

- 71
- 81
- 91

Réponse :

En 2012, l'Argentin avait été époustouflant.
À tel point qu'il avait établi un record
en inscrivant 91 buts entre le 1er janvier et le 31 décembre !

Quel est le meilleur buteur de l'équipe de France au Stade de France ?

- Thierry Henry
- Antoine Griezmann
- Sylvain Wiltord

17
AOÛT
6h45 21h03
St Hyacinthe

Réponse :

Thierry Henry – meilleur buteur de l'histoire des Bleus (51 buts) – est aussi le meilleur buteur de l'équipe de France au Stade de France (20 buts).

Quel est le joueur ayant porté le plus souvent le maillot du RC Lens ?

Depuis 1906
RACING CLUB DE LENS
RCL

- Éric Sikora
- Jean-Guy Wallemme
- Guillaume Warmuz

Réponse :

Avec près de 600 matchs disputés de 1985 à 2004, Éric Sikora est le recordman du genre dans l'histoire du RC Lens.

Parmi ces joueurs, lequel a raté un tir au but en finale de Coupe du monde ?

- Demetrio Albertini
- Alberigo Evani
- Márcio Santos

19

AOÛT

6 h 48 20 h 59

St Jean Eudes

Réponse :

En 1994, le Brésilien Márcio Santos avait raté son tir au but en finale contre l'Italie. Mais cela n'avait pas empêché les Auriverde de remporter la compétition.

Quelle équipe a perdu la seule finale du Championnat d'Europe qu'elle a disputée ?

- Belgique
- Hongrie
- Yougoslavie

20
AOÛT
6 h 50 20 h 58
St Bernard

Réponse :

La Belgique a perdu la seule finale du Championnat d'Europe qu'elle a disputée, en 1980 contre la RFA (1-2).

Quel club a disputé le plus grand nombre de finales de Coupe de France sans jamais remporter la compétition ?

- Angers
- Lens
- Nîmes

21
AOÛT
6 h 51 20 h 56
St Christophe

Réponse :

Lens et Nîmes ont disputé chacun 3 finales de Coupe de France sans jamais remporter la compétition. Personne ne présente pire total.

À un poster de quel club Calogero fait-il référence dans sa chanson « Fondamental » ?

- Marseille
- Reims
- Saint-Étienne

22
AOÛT
6 h 52 20 h 54
St Fabrice

Réponse :

« Dans nos souvenirs, on a tous / Toutes ces choses qui durent et qui tiennent / Un vieux poster de Saint-Étienne » : le chanteur fait référence aux Verts dans sa chanson « Fondamental ».

Quelle équipe a remporté le plus grand nombre de Coupes Gambardella ?

- Auxerre
- Monaco
- Rennes

23
AOÛT
6 h 54 20 h 52
Ste Rose

Réponse :

Auxerre est l'équipe qui a remporté le plus de Coupes Gambardella (7).

Quelle est la seule équipe à avoir remporté deux Euros consécutifs ?

- Allemagne
- Espagne
- Italie

24
AOÛT
6 h 55 20 h 50
St Barthélémy

Réponse :

Seule l'Espagne a remporté deux Euros consécutifs, en 2008 et 2012.

Quel était le match d'ouverture du Mondial 1998 ?

- Brésil-Écosse
- Cameroun-Autriche
- France-Afrique du Sud

25
AOÛT
6h57 20h48
St Louis

Réponse :

Le match d'ouverture du Mondial 1998 était Brésil-Écosse.
Les Brésiliens l'avaient emporté (2-1).

Quel gardien de but a marqué 3 buts en Ligue des champions ?

- Sinan Bolat
- Hans-Jörg Butt
- Vincent Enyeama

26
AOÛT
6 h 58 20 h 46
Ste Natacha

Réponse :

Le gardien Hans-Jörg Butt a marqué 3 buts en Ligue des champions. Il les a marqués avec 3 clubs différents (Hambourg, Bayer Leverkusen, Bayern Munich), à chaque fois sur pénalty et à chaque fois contre la Juventus Turin !

Quel est le joueur français ayant disputé le plus de matchs dans l'histoire de West Ham ?

- Julien Faubert
- Marc Keller
- Dimitri Payet

27
AOÛT
7 h 00 20 h 44
Ste Monique

Réponse :

Le Français ayant disputé le plus de matchs sous le maillot de West Ham est Julien Faubert (69 matchs entre 2007 et 2011).

Quelle équipe a marqué le plus grand nombre de buts en une saison dans l'histoire de la Liga ?

- FC Barcelone
- FC Séville
- Real Madrid

28
AOÛT
7h01 20h42
St Augustin

Réponse :

Avec 121 buts inscrits, en 2011-2012,
le Real Madrid détient ce record très offensif.

Quel est le meilleur buteur en sélection nationale, tous pays confondus ?

- Ali Daei
- Ferenc Puskás
- Cristiano Ronaldo

29
AOÛT
7 h 02 20 h 40
Ste Sabine

Réponse :

Avec 109 buts en 149 matchs dans l'équipe nationale iranienne, Ali Daei est le meilleur buteur en sélection, tous pays confondus !

Combien de joueurs du Portugal champion d'Europe 2016 évoluaient dans des clubs français ?

- 4
- 5
- 6

30
AOÛT
7 h 04 20 h 38
St Fiacre

Réponse :

Cinq Portugais champions d'Europe 2016, en France, évoluaient dans des clubs de l'Hexagone : Anthony Lopes (Lyon), Raphaël Guerreiro (Lorient), Éder (Lille), Ricardo Carvalho et João Moutinho (Monaco).

Quel est le joueur le plus capé de l'histoire de la Colombie ?

- Radamel Falcao
- Carlos Valderrama
- Mario Yepes

31
AOÛT
7 h 05 20 h 36
St Aristide

Réponse :

Avec 111 sélections de 1985 à 1998,
le chevelu Carlos Valderrama est le joueur
le plus capé de l'histoire de la Colombie.

Quel joueur a marqué le 100e but du LOSC en Coupe d'Europe ?

- Pierre-Alain Frau
- Eden Hazard
- Moussa Sow

1er
SEPTEMBRE
7 h 07 — 20 h 34
St Gilles

Réponse :

Pierre-Alain Frau a inscrit le 100e but du LOSC en Coupe d'Europe contre le PSV Eindhoven, en 16e de finale retour de l'Europa League 2010-2011.

Quel fut le tout premier adversaire de l'AS Monaco en Coupe d'Europe ?

- AEK Athènes
- Glasgow Rangers
- Inter Milan

Réponse :

Les premiers adversaires européens de l'AS Monaco furent les joueurs des Glasgow Rangers, en 1961-1962, en Coupe des clubs champions. Les Écossais l'emportèrent (3-2).

Quel est le premier club français à avoir battu le Real Madrid en match officiel ?

- Nice
- Paris Saint-Germain
- Reims

3
SEPTEMBRE
7 h 09 20 h 30
St Grégoire

Réponse :

Le premier club français à avoir battu le Real Madrid en match officiel est Nice, en quart de finale aller (3-2) de la Coupe d'Europe des clubs champions 1959-1960 (défaite 4-0 au match retour).

Laquelle de ces nations disputait la Coupe du monde pour la première fois en 2018 ?

- Égypte
- Iran
- Panama

4

SEPTEMBRE

7h11 20h28

Ste Rosalie

Réponse :

En 2018, le Panama prenait part à la première Coupe du monde de son histoire.

Contre quelle équipe Edinson Cavani est-il devenu le meilleur buteur de l'histoire du Paris Saint-Germain ?

- Caen
- Montpellier
- Nantes

5
SEPTEMBRE
7 h 12 20 h 26
Ste Raïssa

Réponse :

Edinson Cavani est devenu le meilleur buteur
du Paris Saint-Germain contre Montpellier, en janvier 2018,
en inscrivant son 157e but,
soit un de plus que Zlatan Ibrahimovic.

Quel est le surnom des joueurs de l'équipe nationale du Sénégal ?

- Les Éperviers
- Les Lions indomptables
- Les Lions de la Téranga

6
SEPTEMBRE
7 h 14 20 h 23
St Bertrand

Réponse :

Les joueurs de l'équipe nationale
du Sénégal sont surnommés les Lions de la Téranga.

Quel est le meilleur buteur de Saint-Étienne en Coupe d'Europe ?

- Romain Hamouma
- Johnny Rep
- Hervé Revelli

SAINT-ETIENNE
A.S.S.E
LOIRE

7
SEPTEMBRE
7h15 20h21
Ste Reine

Réponse :

Avec 12 buts, le Néerlandais Johnny Rep
est le meilleur buteur de Saint-Étienne en Coupe d'Europe.

Contre quelle équipe Michel Platini a-t-il marqué son premier but en équipe de France ?

- Bulgarie
- Danemark
- Tchécoslovaquie

8
SEPTEMBRE
7h17 20h19
St Adrien

Réponse :

Michel Platini a marqué son premier but en équipe de France dès sa première sélection. Il s'agissait d'un match amical contre la Tchécoslovaquie, en mars 1976.

Quelle est la première équipe que l'Algérie a affrontée en Coupe du monde ?

- Allemagne de l'Ouest (RFA)
- Autriche
- Chili

9
SEPTEMBRE
7 h 18 20 h 17
St Alain

Réponse :

L'Algérie a disputé son premier match en Coupe du monde, en 1982, contre l'Allemagne de l'Ouest, qu'elle a battue 2-1.

Quelle équipe française l'Olympique Lyonnais a-t-il déjà affrontée en Coupe d'Europe ?

- Auxerre
- Bordeaux
- Montpellier

OLYMPIQUE LYONNAIS

OL

10
SEPTEMBRE
7h19 20h15
Ste Inès

Réponse :

L'Olympique Lyonnais a affronté Montpellier en Coupe Intertoto en 1997 et Bordeaux en Ligue des champions en 2010.

En quelle année s'est tenue la première finale de la Coupe de France ?

- 1918
- 1919
- 1980

11
SEPTEMBRE
7h21 20h13
St Adelphe

Réponse :

La première finale de la Coupe de France s'est tenue en 1918. Elle a opposé l'Olympique (futur Red Star) – vainqueur – au FC Lyon.

Quel record le gardien de but Gianluigi Buffon détient-il ?

- Il est le joueur le plus capé de l'histoire de l'équipe d'Italie
- Il est le joueur ayant disputé le plus de matchs dans l'histoire de la Juventus Turin
- Il est le joueur ayant disputé le plus de matchs de l'histoire de la Serie A

12
SEPTEMBRE
7h22 20h11
St Apollinaire

Réponse :

Légende du foot, Gianluigi Buffon est le joueur ayant disputé le plus de matchs à la fois pour la *Squadra Azzurra* et en Serie A.

Quel est le meilleur buteur de l'histoire de Guingamp ?

- Didier Drogba
- Stéphane Guivarc'h
- Florent Malouda

EAG
EN AVANT DE GUINGAMP
Côtes d'Armor

13
SEPTEMBRE

7 h 24 20 h 09

St Aimé

Réponse :

Champion du monde 1998, Stéphane Guivarc'h est le meilleur buteur de l'histoire de l'En Avant Guingamp, où il a évolué de 1991 à 1995 et en 2001-2002.

Contre quelle équipe l'Iran a-t-il remporté sa première victoire en phase finale de Coupe du monde ?

- États-Unis
- Maroc
- Norvège

Réponse :

L'Iran a remporté sa première victoire
en phase finale de Coupe du monde en 1998
contre les États-Unis (2-1).

Quel est le premier club français que Liverpool a affronté en Coupe d'Europe ?

- AJ Auxerre
- AS Monaco
- AS Saint-Étienne

15
SEPTEMBRE
7 h 26 20 h 04
St Roland

Réponse :

L'AS Saint-Étienne est le premier club français que Liverpool a affronté en Coupe d'Europe. Les Reds avaient emporté la double confrontation (3-1, 0-1) en quarts de finale de la Coupe des clubs champions 1976-1977.

Quel est le plus ancien club professionnel au monde ?

- Notts County
- Queens Park Rangers
- Stoke City

16

SEPTEMBRE

7 h 28 · 20 h 02

Ste Édith

Réponse :

Fondé le 2 novembre 1862, Notts County
est le plus ancien club professionnel au monde,
devant Stoke City (fondé en 1863).

Pour quelle raison Crystal Palace a-t-il adopté des rayures rouge et bleu sur son maillot dans les années 1970 ?

- En hommage au FC Bâle
- En hommage au FC Barcelone
- Le club jouait en blanc auparavant mais a voulu se différencier du Real Madrid

17
SEPTEMBRE
7 h 29 20 h 00
St Renaud

Réponse :

Crystal palace a adopté des rayures rouge
et bleu sur son maillot dans les années 1970
en hommage au FC Barcelone.

Quel est le meilleur buteur de l'histoire des Clasicos Real Madrid-FC Barcelone ?

- Lionel Messi
- Raúl
- Cristiano Ronaldo

18

SEPTEMBRE

7h31 19h58

Ste Nadège

Réponse :

Avec au moins 25 buts, Lionel Messi est le meilleur buteur de l'histoire des Clasicos Real Madrid-FC Barcelone.

Quelle est la seule équipe que Lorient a affrontée en Coupe d'Europe ?

- APOEL Nicosie
- Denizlispor
- Sparta Prague

Réponse :

Le FC Lorient n'a disputé qu'un tour de Coupe d'Europe, éliminé de la Coupe de l'UEFA 2002-2003 par le club turc de Denizlispor (0-2, 3-1), son seul adversaire européen.

Contre quelle équipe le PSG a-t-il remporté la plus large victoire de son histoire en Coupe d'Europe ?

- Celtic Glasgow
- La Gantoise
- Vitoria Guimarães

20
SEPTEMBRE
7h34 19h54
St Davy

Réponse :

Le PSG a remporté deux succès en Coupe d'Europe sur le score de 7-1, les plus larges victoires de son histoire européenne : contre La Gantoise, en Coupe Intertoto 2001, et contre le Celtic Glasgow, en Ligue des champions 2017-2018.

Amiens a disputé une finale de Coupe de France. Contre quelle équipe ?

- Auxerre
- Nantes
- Strasbourg

21
SEPTEMBRE
7h35 19h52
St Matthieu

Réponse :

Alors en troisième division, Amiens avait disputé et perdu la finale de la Coupe de France 2001 contre Strasbourg (0-0, 5-4 aux tirs au but).

À quand remonte le premier match entre l'Allemagne et la France ?

- 1931
- 1935
- 1952

22
SEPTEMBRE
7h36 19h49
St Maurice

Réponse :

La première confrontation entre l'Allemagne et la France s'est tenue à Colombes, en 1931, à l'occasion d'un match amical remporté par les Bleus (1-0).

Quel est le seul club turc à avoir remporté une Coupe d'Europe ?

- Besiktas
- Fenerbahçe
- Galatasaray

23
SEPTEMBRE
7 h 38 19 h 47
Automne • St Constant

Réponse :

Galatasaray est le seul club turc vainqueur d'une Coupe d'Europe : la Coupe de l'UEFA 2000, remportée contre Arsenal.

Quel est le meilleur buteur de l'histoire de l'équipe d'Allemagne ?

- Miroslav Klose
- Gerd Müller
- Joachim Streich

Réponse :

Le meilleur buteur de l'histoire de la sélection allemande est Miroslav Klose (71 buts). Il devance Gerd Müller (68 buts). Joachim Streich est, lui, le meilleur buteur de l'histoire de la RDA (Allemagne de l'Est), avec 55 buts.

En quelle année deux clubs anglais se sont-ils affrontés en finale de la Ligue des champions ?

- 2002
- 2008
- 2014

25
SEPTEMBRE
7h41 19h43
St Hermann

Réponse :

En 2008, Manchester United remportait la Ligue des champions en battant ses compatriotes de Chelsea aux tirs au but.

Contre quelle équipe l'Ukraine a-t-elle joué son premier match en Coupe du monde ?

- Espagne
- Italie
- Tunisie

26
SEPTEMBRE

7h42 19h41

St Côme • St Damien

Réponse :

L'Ukraine a disputé son premier match de Coupe du monde en 2006 contre l'Espagne (défaite 4-0).

Quelle équipe détient le record du nombre de matchs consécutifs sans défaite dans l'Euro ?

- Allemagne
- Espagne
- Pays-Bas

27

SEPTEMBRE

7h44 19h39

St Vincent de Paul

Réponse :

Avec 14 matchs sans défaite entre les Euros 2008 et 2016, l'Espagne détient ce record.

Quel fut le premier adversaire du Stade Rennais en Coupe d'Europe ?

- Dukla Prague
- Glasgow Rangers
- Hapoël Tel-Aviv

STADE RENNAIS
FOOTBALL CLUB
1901

28
SEPTEMBRE
7h45 19h37
St Venceslas

Réponse :

Le Dukla Prague fut le premier adversaire européen du Stade Rennais. Il remporta le match (2-0) en Coupe des Coupes 1965-1966.

Quel club a disputé le plus grand nombre de finales de Ligue des champions sans jamais en remporter une ?

- Arsenal
- Atlético de Madrid
- Valencia

29
SEPTEMBRE

7h47 19h35

St Michel

Réponse :

L'Atlético de Madrid est le club qui a disputé le plus grand nombre de finales de Ligue des champions (3, en 1974, 2014 et 2016) sans jamais en remporter.

Quel joueur a détrôné Zlatan Ibrahimovic du titre de joueur suédois de l'année ?

- Emil Forsberg
- Andreas Granqvist
- Jakob Johansson

30
SEPTEMBRE

7h48 19h32

St Jérôme

Réponse :

Alors qu'Ibrahimovic était désigné meilleur joueur suédois chaque année depuis 2007, Andreas Granqvist s'est attribué ce titre en 2017.

Quel fut le premier Français meilleur buteur d'une édition de la Ligue des champions ?

- Just Fontaine
- Raymond Kopa
- Michel Platini

1er OCTOBRE

7 h 49 19 h 30

Ste Thérèse de l'Enfant Jésus

Réponse :

Le premier Français meilleur buteur d'une édition de la Ligue des champions (alors Coupe d'Europe des clubs champions) fut Just Fontaine (alors à Reims) avec 10 buts en 1958-1959.

Quel est le meilleur buteur de l'histoire du FC Nantes en Coupe d'Europe ?

- Patrice Loko
- Nicolas Ouédec
- Éric Pécout

2
OCTOBRE
7h51 19h28
St Léger

Réponse :

Avec 14 buts, Nicolas Ouédec est le meilleur buteur de l'histoire du FC Nantes en Coupe d'Europe.

Quel club a remporté le plus grand nombre de Coupes des vainqueurs de Coupes (ancienne Coupe d'Europe disparue) ?

- FC Barcelone
- Milan AC
- RSC Anderlecht

3
OCTOBRE
7h52 19h26
St Gérard

Réponse :

Le FC Barcelone est l'équipe la plus titrée de l'histoire de la Coupe des Coupes, avec 4 trophées (1979, 1982, 1989 et 1997).

Contre quelle équipe le Dijon FCO a-t-il disputé son 100e match de Ligue 1 ?

- Caen
- Nice
- Toulouse

4
OCTOBRE
7 h 54 19 h 24
St François d'Assise

Réponse :

Le DFCO a joué son 100e match de Ligue 1 en février 2018 contre Nice (victoire 3-2).

Quelle est la première Coupe d'Europe remportée par Manchester City ?

- Coupe des Coupes
- Coupe de l'UEFA
- Ligue des champions

5
OCTOBRE
☀ 7h55 ☀ 19h22
Ste Fleur

Réponse :

La première Coupe d'Europe remportée par Manchester City fut la Coupe des Coupes 1970, gagnée contre Górnik Zabrze (2-1).

Quel fut le tout premier adversaire de Montpellier en Coupe d'Europe ?

MONTPELLIER Hérault Sport Club
1974

- Benfica Lisbonne
- PSV Eindhoven
- Steaua Bucarest

6
OCTOBRE
7 h 57 19 h 20
St Bruno

Réponse :

Le tout premier adversaire de Montpellier en Coupe d'Europe fut le Benfica Lisbonne, vainqueur (3-0) des Montpelliérains en 32e de finale aller de la Coupe de l'UEFA 1988-1989.

Quel est le premier joueur américain dans l'histoire du Paris Saint-Germain en Ligue 1 ?

- Landon Donovan
- George Weah
- Timothy Weah

7
OCTOBRE
7h58 19h18
St Serge

Réponse :

En mars 2018, Timothy Weah – fils de George – est devenu, à tout juste 18 ans, le premier joueur américain dans l'histoire du Paris Saint-Germain en Ligue 1.

Quel match a réuni le plus petit nombre de spectateurs lors d'une Coupe du monde ?

- Chili-Mexique
- Roumanie-Pérou
- Yougoslavie-Bolivie

8
OCTOBRE
8h00 19h16
Ste Pélagie

Réponse :

La rencontre Roumanie-Pérou de la Coupe du monde 1930 avait réuni environ 300 spectateurs, la plus faible affluence pour un match dans l'histoire de la compétition.

Quel est le meilleur buteur de l'histoire de la sélection nationale d'Uruguay ?

- Edinson Cavani
- Diego Forlán
- Luis Suárez

9
OCTOBRE
8h01 19h14
St Denis

Réponse :

Depuis septembre 2013, le meilleur buteur de l'histoire de la sélection uruguayenne est Luis Suárez.

Quel est le seul joueur ayant terminé meilleur buteur du Championnat de France cinq saisons d'affilée ?

- Zlatan Ibrahimovic
- Delio Onnis
- Jean-Pierre Papin

Réponse :

Jean-Pierre Papin est le seul joueur à avoir été meilleur buteur du Championnat de France cinq saisons d'affilée (de 1988 à 1992).

Quel joueur détient le record de buts marqués à domicile en une saison de Bundesliga ?

- Jupp Heynckes
- Robert Lewandowski
- Gerd Müller

11
OCTOBRE
8h04 19h10
St Firmin

Réponse :

Établi lors de la saison 2017-2018, le record de buts marqués à domicile en une saison de Bundesliga appartient à Robert Lewandowski sous les couleurs du Bayern Munich.

Quel est le premier club à avoir disputé 5 finales de Coupe de France consécutives ?

- Lille
- Marseille
- Red Star

Réponse :

Lille est le premier club à avoir disputé 5 finales de Coupe de France consécutives (de 1945 à 1949). Trois victorieuses (en 1946, 1947 et 1948) et deux perdues (en 1945 et 1949 face au RC Paris).

Quel est le champion d'Europe de futsal en titre ?

- Espagne
- Portugal
- Russie

13
OCTOBRE
8h07 19h06
St Géraud

Réponse :

Le Portugal est champion d'Europe de football et de futsal en titre. Il a remporté l'Euro de futsal 2018 en battant l'Espagne en finale (3-2 a.p.).

Quel est le premier joueur à avoir marqué contre Arsenal, Chelsea, Liverpool, Manchester City, Manchester United et Tottenham dans la même saison de Premier League ?

- Riyad Mahrez
- Wayne Rooney
- Jamie Vardy

14
OCTOBRE
8h09 19h04
St Juste

Réponse :

Jamie Vardy est le premier joueur à avoir marqué contre Arsenal, Chelsea, Liverpool, Manchester City, Manchester United et Tottenham dans la même saison (2017-2018) de Premier League.

La Juventus Turin détient le record de matchs remportés en une saison de Serie A. Avec combien de victoires ?

JUVENTUS

- 33
- 35
- 37

15
OCTOBRE

8h10 19h02

Ste Thérèse d'Avila

Réponse :

En 2013-2014, la Juventus Turin avait marqué un total de 102 points et remporté 33 victoires ! Ces statistiques constituent deux records dans l'histoire de la Serie A.

Contre quelle équipe la Roumanie a-t-elle disputé son dernier match de Coupe du monde ?

- Slovénie
- Croatie
- Serbie

16
OCTOBRE
8h12 19h00
Ste Edwige

Réponse :

Lors du Mondial 1998, la Roumanie a été éliminée par la Croatie en 8e de finale. Elle ne s'est plus jamais qualifiée pour une Coupe du monde depuis.

Quel record a été établi par le Sud-Coréen Son Heung-min ?

- Il a été le plus jeune buteur de Hambourg en Bundesliga
- Il est devenu le joueur asiatique le plus cher de l'histoire
- Il a été le premier Asiatique nommé joueur du mois en Premier League

Réponse :

Son Heung-min a établi ces trois records : il a été le plus jeune buteur de Hambourg en Bundesliga (record battu par Arp en 2017) ; il est devenu en 2015 le joueur asiatique le plus cher de l'histoire (30 millions d'euros) ; enfin, il est le premier Asiatique à avoir été nommé joueur du mois en Premier League.

Quel est le meilleur buteur sur une saison du Championnat de Belgique ?

- Arthur Ceuleers
- Jules Van Craen
- Luigi Pieroni

18
OCTOBRE

8h15 18h56

St Luc

Réponse :

En 1942-1943, Jules Van Craen (Lierse) et Arthur Ceuleers (Anvers) marquent chacun 41 buts lors du Championnat belge. C'est le record sur une saison !

Quelle équipe masculine a remporté le plus grand nombre d'éditions des Jeux Olympiques (football) ?

- Argentine
- Hongrie
- Royaume-Uni

19
OCTOBRE
8h16 18h54
St René

Réponse :

La Hongrie et le Royaume-Uni se partagent cet honneur, avec trois victoires chacun. La Hongrie a remporté les JO en 1952, 1964 et 1968 et le Royaume-Uni en 1900 (représenté par le Upton Park Football Club), 1908 et 1912. Depuis 1972, son héritière, l'équipe de Grande-Bretagne, n'a plus été engagée dans le football olympique, sauf en 2012 pour les JO de Londres.

Quel a été le premier pays africain à se qualifier à une Coupe du monde ?

- Égypte
- Maroc
- Nigeria

20
OCTOBRE
8h18 18h52
Ste Adeline

Réponse :

L'Égypte fut le premier pays africain à se qualifier à une Coupe du monde. Elle élimina la Palestine mandataire (7-1, 4-1) pour obtenir le droit de disputer l'édition 1934 de la compétition.

Quel est le meilleur buteur de l'histoire de la sélection suisse ?

- Stéphane Chapuisat
- Alexander Frei
- Kubilay Türkyilmaz

21
OCTOBRE
8 h 20 18 h 50
Ste Céline

Réponse :

Avec 42 buts, inscrits de 2001 à 2011, Alexander Frei est le meilleur buteur de l'histoire de la sélection suisse.

Quel pays comptait le plus de joueurs dans les clubs ayant disputé les 8es de finale de la Ligue des champions 2017-2018 ?

- Allemagne
- Brésil
- Espagne

22
OCTOBRE
8 h 21 18 h 48
Ste Élodie

Réponse :

Avec 51 joueurs, l'Espagne était la nation qui comptait le plus de joueurs dans les équipes disputant les 8es de finale de la Ligue des champions 2017-2018. Suivaient le Brésil (37) et la France (31).

Quel est le seul adversaire qu'Angers a affronté en Coupe d'Europe ?

- Dynamo Berlin
- Olympiakos
- Slovan Bratislava

23
OCTOBRE
8h23 18h47
St Jean de Capistran

Réponse :

Angers n'a rencontré qu'un seul adversaire en Coupe d'Europe : le Dynamo Berlin (RDA), en Coupe de l'UEFA 1972-1973 (1-1, 1-2).

Quel est le meilleur buteur de l'équipe de France en Coupe des Confédérations ?

- Thierry Henry
- Robert Pirès
- Sylvain Wiltord

24
OCTOBRE
8h24 18h45
St Florentin

Réponse :

Le meilleur buteur des Bleus en Coupe des Confédérations est Robert Pirès, avec 5 réalisations.

Quelle équipe européenne avait l'effectif le plus cher lors de la saison 2017-2018 ?

- Manchester City
- Manchester United
- Paris Saint-Germain

25
OCTOBRE

8h26 18h43

St Crépin

Réponse :

Selon l'observatoire du football CIES, Manchester City avait l'effectif le plus cher d'Europe lors de la saison 2017-2018 : 878 millions d'euros !

Quel fut le premier adversaire de Bordeaux en Coupe d'Europe ?

- Bayern Munich
- Borussia Dortmund
- FC Cologne

26
OCTOBRE
7h27 17h41
St Dimitri

Réponse :

Le Borussia Dortmund fut le premier adversaire européen de Bordeaux, en Coupe des villes de foire 1964-1965. Les Allemands s'imposèrent 4-1 au match aller, les Girondins 2-0 au match retour.

Quel joueur a marqué le 2 500e but du Paris Saint-Germain en première division du Championnat de France ?

PARIS
SAINT-GERMAIN

- Edinson Cavani
- Julian Draxler
- Blaise Matuidi

Réponse :

Parmi ses nombreux records au Paris Saint-Germain, Edinson Cavani est aussi l'auteur du 2 500e but du club de la capitale (marqué contre Nice) en première division du Championnat de France.

Quel Brésilien a marqué le plus grand nombre de triplés en Ligue des champions ?

- Luiz Adriano
- Philippe Coutinho
- Neymar

28
OCTOBRE
7 h 30 17 h 38
St Jude

Réponse :

Avec au moins 3 triplés inscrits en Ligue des champions, le Brésilien Luiz Adriano est le Brésilien qui en a réalisé le plus dans la compétition.

Quel est le meilleur buteur de l'histoire de Dijon ?

- Loïs Diony
- Sebastian Ribas
- Júlio Tavares

29
OCTOBRE
7 h 32 17 h 36
St Narcisse

Réponse :

L'attaquant cap-verdien Júlio Tavares
est le meilleur buteur de l'histoire de Dijon.

Quelle nation avait disputé le plus grand nombre de matchs pour accéder à la phase finale du Mondial 2018 ?

- Australie
- Panama
- Tunisie

30
OCTOBRE
7 h 34 17 h 34
Ste Bienvenue

Réponse :

Avec 22 matchs disputés, l'Australie est la nation qualifiée qui avait pris part au plus grand nombre de rencontres pour accéder à la phase finale du Mondial 2018.

Quel est le plus mauvais classement du Real Madrid dans l'histoire de la Liga ?

- 8e
- 11e
- 18e

31
OCTOBRE

7h35 17h32

St Quentin

Réponse :

En 1948, le Real Madrid a terminé 11e du Championnat espagnol, le plus mauvais classement de son histoire.

Quelle est la seule équipe à avoir éliminé Troyes en Coupe d'Europe ?

- Leeds United
- MFK Ruzomberok
- Parme FC

1er
NOVEMBRE
7 h 37 17 h 31
Toussaint

Réponse :

Troyes n'a disputé qu'une seule fois la Coupe d'Europe. En Coupe de l'UEFA 2001-2002, l'ESTAC avait éliminé MFK Ruzomberok, avant de subir la loi de Leeds United et de quitter la compétition à son tour.

Quel est le meilleur buteur de l'histoire de l'équipe d'Allemagne ?

- Miroslav Klose
- Gerd Müller
- Joachim Streich

2
NOVEMBRE
7 h 38 17 h 29
Défunts

Réponse :

Le meilleur buteur de l'histoire de la sélection allemande est Miroslav Klose (71 buts). Il devance Gerd Müller (68 buts). Joachim Streich est, lui, le meilleur buteur de l'histoire de la RDA (Allemagne de l'Est), avec 55 buts.

Quel est le premier club français que l'AS Rome a affronté en Coupe d'Europe ?

- Auxerre
- Bordeaux
- Monaco

Réponse :

Le premier club français rencontré par l'AS Rome en Coupe d'Europe fut Bordeaux, en 8e de finale de la Coupe de l'UEFA 1990-1991 (victoires des Italiens 5-0 et 2-0).

Quelle est la rencontre la plus jouée dans l'histoire de l'Euro ?

- Espagne-Italie
- France-Portugal
- République tchèque-Allemagne

4
NOVEMBRE
7 h 42 17 h 26
St Charles

Réponse :

La rencontre la plus jouée dans l'histoire de l'Euro est Espagne-Italie, en 1980, 1988, 2008, 2012 (deux fois) et 2016.

Guingamp a remporté deux Coupes de France, à chaque fois contre le même adversaire. Lequel ?

- Auxerre
- Nantes
- Rennes

5

NOVEMBRE

7 h 43 17 h 24

Ste Sylvie

Réponse :

Guingamp a remporté la Coupe de France
en 2009 et 2014, à chaque fois en battant Rennes en finale.

Quel est le meilleur buteur en une saison du Championnat d'Espagne ?

- Alfredo Di Stéfano
- Lionel Messi
- Cristiano Ronaldo

6
NOVEMBRE
7h45 17h23
Ste Bertille

Réponse :

Avec 50 buts en 2011-2012,
Lionel Messi est devenu le meilleur buteur
en une saison du Championnat d'Espagne.

Quel est le seul joueur à avoir inscrit un doublé sur penaltys en équipe de France ?

- Jean-François Larios
- Jean-Pierre Papin
- Zinédine Zidane

7
NOVEMBRE
7 h 46 17 h 21
Ste Carine

Réponse :

Jean-François Larios est le seul joueur à avoir inscrit un doublé sur penaltys en équipe de France. C'était contre Chypre, en octobre 1980.

Quelle équipe a infligé au FC Bâle sa plus large défaite à domicile en Coupe d'Europe ?

- Bayern Munich
- FC Barcelone
- Manchester City

8
NOVEMBRE
7 h 48 17 h 20
St Geoffroy

Réponse :

En octobre 2008, le FC Barcelone s'impose 5-0 sur le terrain du FC Bâle et inflige au club suisse sa plus large défaite à domicile en Coupe d'Europe.

Cristiano Ronaldo a été le premier joueur à marquer 100 buts avec le même club en Ligue des champions. Contre quelle équipe a-t-il atteint ce total ?

- APOEL Nicosie
- Borussia Dortmund
- Paris Saint-Germain

9
NOVEMBRE
7 h 50 17 h 19
St Théodore

Réponse :

Cristiano Ronaldo est devenu le premier joueur à marquer 100 buts avec le même club (Real Madrid) en Ligue des champions en février 2018 contre le Paris Saint-Germain (3-1).

Quel joueur a marqué le but le plus rapide de l'histoire de la Ligue 2 ?

- Umut Bozok
- Rémi Maréval
- Grégory Thil

10
NOVEMBRE
7h51 17h17
St Léon

Réponse :

Rémi Maréval a marqué le but le plus rapide de l'histoire de la Ligue 2 (8 secondes) pour Nantes, contre Nîmes, en septembre 2009.

Quel fut le premier adversaire européen de Toulouse ?

- Naples
- Panionios
- Spartak Moscou

TFC

11
NOVEMBRE
7h53 17h16
Armistice 1918 • St Martin

Réponse :

Le premier adversaire européen de Toulouse fut Naples, vainqueur (1-0) de la rencontre de Coupe de l'UEFA 1986-1987. Mais, au match retour, le Téfécé s'imposa 1-0 et élimina Maradona et les Napolitains aux tirs au but.

Contre quelle équipe Harry Kane a-t-il inscrit son premier but en Premier League ?

- Everton
- Sunderland
- Wigan

12

NOVEMBRE

7 h 54 17 h 15

St Christian

Réponse :

Harry Kane a inscrit son premier but en Premier League en avril 2014, contre Sunderland.

Contre quelle équipe Thierry Henry a-t-il joué son dernier match en équipe de France ?

- Afrique du Sud
- Mexique
- Uruguay

13

NOVEMBRE

☀ 7h56 ☀ 17h13

St Brice

Réponse :

Meilleur buteur de l'histoire des Bleus (51 buts), Thierry Henry a joué son 123e et dernier match avec l'équipe de France lors du Mondial 2010, contre l'Afrique du Sud, pays hôte de la compétition. Coïncidence, c'est contre l'Afrique du Sud qu'il avait honoré sa première sélection, en 1997.

Quel est le joueur le plus capé de l'histoire de la sélection brésilienne ?

- Dani Alves
- Cafu
- Roberto Carlos

14
NOVEMBRE

7h57 17h12

St Sidoine

Réponse :

Avec 142 sélections entre 1990 et 2006, Cafu est le joueur le plus capé de l'histoire de la sélection brésilienne. Il a notamment disputé 4 phases finales de Coupe du monde (1994, 1998, 2002 et 2006) et en a remporté 2 (1994 et 2002). Il devance Roberto Carlos (125).

Quel fut le dernier adversaire du RC Strasbourg en Coupe d'Europe ?

- FC Bâle
- Inter Milan
- Standard de Liège

15
NOVEMBRE
7h59 17h11
St Albert

Réponse :

Le RC Strasbourg a disputé son dernier match européen en 2006, en 8e de finale retour de la Coupe de l'UEFA, contre le FC Bâle.

Quel club a terminé meilleure défense de Ligue 1 le plus souvent ?

- Auxerre
- Monaco
- Nantes

16
NOVEMBRE

8h01 17h10

Ste Marguerite

Réponse :

Monaco est le club qui a terminé meilleure défense de Ligue 1 le plus souvent (10 fois).

Quel est le premier club de division inférieure à avoir éliminé une équipe de Pep Guardiola en Coupe nationale ?

- Duisbourg
- Tenerife
- Wigan

17
NOVEMBRE
8h02 17h08
Ste Élisabeth

Réponse :

En février 2018, Manchester City devient la première équipe de Pep Guardiola éliminée d'une Coupe nationale par un club de division inférieure, en l'occurrence Wigan (D3).

Qui Lionel Messi a-t-il détrôné en devenant meilleur passeur décisif de l'histoire de la Liga ?

- Luís Figo
- Míchel
- Xavi

18
NOVEMBRE
8h04 17h07
Ste Aude

Réponse :

En délivrant sa 148e passe décisive,
Lionel Messi est devenu le meilleur passeur
de l'histoire de la Liga, détrônant Míchel, ancien joueur
du Real Madrid (1982-1996) et ancien entraîneur
de l'OM (2015-2016).

Quel club anglais a remporté le plus grand nombre de Ligues des champions ?

- Chelsea
- Liverpool
- Manchester United

19
NOVEMBRE
8h05 17h06
St Tanguy

Réponse :

Avec 5 victoires, Liverpool est le club anglais le plus titré dans l'histoire de la Ligue des champions.

Quelle est la première équipe à avoir terminé invaincue une saison de Liga ?

- Athletic Bilbao
- FC Barcelone
- Real Sociedad

20
NOVEMBRE

8h07 17h05

St Edmond

Réponse :

La première équipe à avoir terminé invaincue une saison de Liga est l'Athletic Bilbao, en 1929-1930.

Quel joueur a disputé le plus grand nombre de matchs de Serie A avec la Juventus Turin ?

JUVENTUS

- Gianluigi Buffon
- Alessandro Del Piero
- Dino Zoff

21
NOVEMBRE

8h08 17h04

Présentation de la Vierge Marie

Réponse :

Avec plus de 500 matchs, Gianluigi Buffon est le joueur qui a disputé le plus grand nombre de rencontres de Serie A sous les couleurs de la Juventus Turin.

Quels joueurs ont disputé le plus grand nombre de matchs de Ligue des champions ensemble ?

- Andrés Iniesta et Lionel Messi
- Raúl et Roberto Carlos
- Xavi et Carles Puyol

22
NOVEMBRE

8h10 17h03

Ste Cécile

Réponse :

Andrés Iniesta et Lionel Messi sont les joueurs qui ont disputé le plus grand nombre de matchs de Ligue des champions ensemble.

Quelle équipe a concédé le plus grand nombre de matchs nuls dans l'histoire du Championnat d'Europe ?

- Danemark
- Italie
- Portugal

23
NOVEMBRE
8h11 17h02
St Clément

Réponse :

L'Italie est l'équipe qui a concédé le plus grand nombre de matchs nuls (16) dans l'histoire du Championnat d'Europe.

Quelle température faisait-il lors du déplacement de Nice sur le terrain du Lokomotiv Moscou en 16e de finale retour de Ligue Europa 2017-2018 ?

- -16°C
- -19°C
- -22°C

24
NOVEMBRE

8h13 17h01

Ste Flora

Réponse :

Disputé à Moscou le 22 février 2018, le match s'est déroulé par une météo frigorifique. La température a atteint -16°C en deuxième mi-temps. Ceci explique peut-être la défaite des Niçois (1-0).

Quel est le premier joueur français à avoir cumulé des gains de plus de 20 millions d'euros en une année ?

- Antoine Griezmann
- Kylian Mbappé
- Paul Pogba

25
NOVEMBRE

8h14 17h01

Ste Catherine

Réponse :

En 2017, Paul Pogba est devenu le premier footballeur français à avoir cumulé des gains de plus de 20 millions d'euros en une année.

Parmi ces célébrités, laquelle supporte le Real Madrid ?

- Matt Damon
- Viggo Mortensen
- Brad Pitt

26
NOVEMBRE
8h15 17h00
Ste Delphine

Réponse :

Le Real Madrid compte de nombreux fans tout autour du globe. Parmi ceux-ci, Viggo Mortensen, acteur de la saga *Le Seigneur des anneaux*.

Quel est le seul gardien de but à avoir été élu meilleur joueur d'une Coupe du monde ?

- Fabien Barthez
- Gianluigi Buffon
- Oliver Kahn

27
NOVEMBRE
8h17 16h59
St Séverin

Réponse :

Le seul gardien de but à avoir été élu meilleur joueur d'une Coupe du monde est l'Allemand Oliver Kahn, finaliste malheureux du Mondial, en 2002.

Quelle équipe le rugbyman Mathieu Bastareaud supporte-t-il ?

- Paris Saint-Germain
- Marseille
- Toulouse

28
NOVEMBRE
8h18 16h58
St Jacques de la Marche

Réponse :

Né en Île-de-France, à Créteil (94), Mathieu Bastareaud est un fervent supporter du Paris Saint-Germain.

Quel est le premier joueur à avoir manqué trois touches lors d'un même match de Premier League ?

- Serge Aurier
- Mathieu Debuchy
- Patrice Évra

29
NOVEMBRE
8h19 16h58
St Saturnin

Réponse :

En février 2018, Serge Aurier est devenu le premier joueur à avoir manqué trois touches lors d'un même match de Premier League (Crystal Palace-Tottenham).

Quel club a remporté le plus grand nombre de League Cups ?

- Arsenal
- Liverpool
- Manchester City

30
NOVEMBRE
8h21 16h57
St André

Réponse :

Liverpool est le club qui a remporté le plus grand nombre de Coupes de la Ligue en Angleterre.

Quel est le plus jeune buteur de l'histoire du Clasico PSG-Marseille ?

- Nicolas Anelka
- Kylian Mbappé
- Samir Nasri

1er DÉCEMBRE

8h22 16h57

Ste Florence

Réponse :

En février 2018, Kylian Mbappé est devenu – à 19 ans et 67 jours – le plus jeune buteur de l'histoire du Clasico PSG-Marseille, détrônant ainsi Samir Nasri.

Quel est le meilleur buteur en une saison du Championnat d'Allemagne ?

- Jupp Heynckes
- Dieter Müller
- Gerd Müller

Réponse :

Avec 40 buts en 1971-1972, Gerd Müller est le meilleur buteur en une saison du Championnat d'Allemagne.

Quel est le premier joueur à avoir marqué au moins 20 buts du pied gauche en une saison de Premier League ?

- Gareth Bale
- Ryan Giggs
- Mohamed Salah

3
DÉCEMBRE
8h25 16h56
St François Xavier

Réponse :

En février 2018, l'Égyptien Mohamed Salah (Liverpool) est devenu le premier joueur à avoir marqué au moins 20 buts du pied gauche en une saison de Premier League.

Quel champion du monde 1998 a fait une apparition dans la série *Scènes de ménages* ?

- Marcel Desailly
- Franck Lebœuf
- Emmanuel Petit

4
DÉCEMBRE
8 h 26 16 h 55
Ste Barbara

Réponse :

Frank Lebœuf a fait une apparition dans un sketch de *Scènes de ménages*. Il y campait un vigile lors du Festival de Cannes.

Quel joueur a participé au plus grand nombre de phases finales de l'Euro ?

- Gianluigi Buffon
- Iker Casillas
- Cristiano Ronaldo

5
DÉCEMBRE
8h27 16h55
St Gérald

Réponse :

Si Ronaldo détient le record de matchs joués à l'Euro (21), c'est Iker Casillas qui a participé au plus grand nombre de phases finales (5) de la compétition.

Quel est le plus jeune buteur de Schalke 04 en Bundesliga ?

- Julian Draxler
- Mesut Özil
- Nuri Sahin

6
DÉCEMBRE
8h28 16h55
St Nicolas

Réponse :

Le plus jeune buteur de Schalke 04 en Bundesliga est Julian Draxler, à 17 ans, 6 mois et 12 jours. Le Turc Nuri Sahin est le plus jeune buteur de l'histoire de la Bundesliga, à 17 ans, 2 mois et 21 jours.

Quel est le premier joueur à avoir marqué 4 buts avant la mi-temps d'un match du Championnat de Turquie ?

- Emmanuel Adebayor
- Bafétimbi Gomis
- Vagner Love

7
DÉCEMBRE
8h29 16h54
St Ambroise

Réponse :

En mars 2018, avec Galatasaray, Bafétimbi Gomis est devenu le premier joueur à avoir marqué 4 buts avant la mi-temps d'un match du Championnat de Turquie.

Quel est le seul joueur à avoir inscrit un doublé sur coups francs en équipe de France ?

- Michel Platini
- Franck Sauzée
- Zinédine Zidane

8
DÉCEMBRE
8 h 30 16 h 54
Immaculée Conception

Réponse :

Franck Sauzée est le seul joueur à avoir inscrit un doublé sur coups francs en équipe de France, contre l'Albanie, en 1991. Le premier des deux buts est d'ailleurs le plus rapide de l'histoire des Bleus (35 secondes).

Quel est le joueur le plus âgé de l'histoire du Championnat d'Italie ?

- Francesco Antonioli
- Marco Ballotta
- Alberto Fontana

9
DÉCEMBRE
8h32 16h54
St Pierre Fourier

Réponse :

En mai 2008, Marco Ballotta (Lazio) a joué son dernier match de Serie A, devenant le joueur le plus âgé de l'histoire du Championnat d'Italie, à 44 ans et 38 jours.

Quelle équipe féminine a remporté le plus grand nombre d'éditions des Jeux Olympiques (football) ?

- Allemagne
- États-Unis
- Norvège

10
DÉCEMBRE
8h33 16h54
St Romaric

Réponse :

Les États-Unis dominent le classement des victoires féminines aux JO, avec quatre médailles d'or.

Lequel de ces clubs n'a jamais gagné la Coupe de France ?

- Angers
- Lorient
- Metz

Réponse :

Angers n'a jamais remporté la Coupe de France, à l'inverse de Lorient (2002) et de Metz (1984 et 1988).

Lequel de ces clubs espagnols n'a jamais été relégué en deuxième division ?

- Atlético de Madrid
- Athletic Bilbao
- FC Séville

12
DÉCEMBRE
8 h 34 16 h 54
Ste Chantal

Réponse :

L'Athletic Bilbao n'a jamais été relégué en deuxième division. Seuls le FC Barcelone et le Real Madrid ont réussi la même performance en Espagne.

Quel est le premier club que Louis van Gaal a entraîné ?

- Ajax Amsterdam
- AZ Alkmaar
- FC Barcelone

13
DÉCEMBRE
8h35 16h54
Ste Lucie

Réponse :

Louis van Gaal a dirigé de prestigieux clubs dans sa carrière, comme le FC Barcelone, le Bayern Munich ou Manchester United. Mais c'est sur le banc de l'Ajax Amsterdam qu'il a débuté sa carrière d'entraîneur.

Sous les couleurs de quel club Guillaume Hoarau a-t-il marqué le plus grand nombre de buts ?

- Le Havre
- Paris Saint-Germain
- Young Boys Berne

14
DÉCEMBRE
8h36 16h54
Ste Odile

Réponse :

C'est sous les couleurs des Young Boys Berne que l'attaquant français a marqué le plus grand nombre de buts, plus qu'avec le PSG (56) ou Le Havre (38).

Quel fut le premier buteur de Guingamp en Coupe d'Europe ?

EAG
EN AVANT DE GUINGAMP
Côtes d'Armor

- Stéphane Carnot
- Stéphane Guivarc'h
- Daniel Moreira

15
DÉCEMBRE
8h37 16h54
Ste Ninon

Réponse :

Le premier buteur de Guingamp en Coupe d'Europe fut Stéphane Carnot, contre le Dinamo Bucarest, en Coupe Intertoto, en 1996.

En 2017, Manchester City a établi le record du nombre de victoires consécutives en Premier League. Avec combien de matchs remportés ?

- 15
- 18
- 21

16
DÉCEMBRE
8 h 38 16 h 54
Ste Alice

Réponse :

Sous les ordres de Pep Guardiola, les Citizens avaient enchaîné 18 victoires d'affilée avant de faire nul le 31 décembre (0-0) contre Crystal Palace.

Quel est le joueur le plus âgé à avoir évolué à l'AS Monaco ?

AS MONACO FC

- Morgan De Sanctis
- Jean-Luc Ettori
- Flavio Roma

17
DÉCEMBRE
8h39 16h54
St Gaël

Réponse :

Lors de la saison 2016-2017, le gardien Morgan De Sanctis est devenu le joueur le plus âgé de l'histoire de l'AS Monaco, à 40 ans et 1 mois.

Quel club a remporté le plus grand nombre de Championnats d'Écosse ?

- Aberdeen
- Celtic Glasgow
- Glasgow Rangers

18
DÉCEMBRE
8h39 16h55
St Gatien

Réponse :

Le club le plus titré du Championnat d'Écosse
est les Glasgow Rangers !

Quel est le meilleur buteur de l'histoire des Clasicos Real Madrid-FC Barcelone au stade Santiago-Bernabéu ?

- Lionel Messi
- Raúl
- Cristiano Ronaldo

19
DÉCEMBRE
☀ 8h40 ☀ 16h55
St Urbain

Réponse :

Avec au moins 15 buts, Lionel Messi est le meilleur buteur de l'histoire des Clasicos Real Madrid-FC Barcelone au stade Santiago-Bernabéu.

Quel Britannique a disputé le plus grand nombre de matchs dans l'histoire de la Liga ?

- Gareth Bale
- David Beckham
- Michael Owen

20
DÉCEMBRE
8h41 16h56
St Théophile

Réponse :

En mars 2018, le Gallois Gareth Bale est devenu le joueur britannique qui a disputé le plus grand nombre de matchs dans l'histoire de la Liga, dépassant ainsi David Beckham (116 matchs).

Quel est le meilleur buteur en une saison du Championnat d’Angleterre ?

- Dixie Dean
- Dave Halliday
- Alan Shearer

21

DÉCEMBRE

8 h 41 16 h 56

St Pierre Canisius

Réponse :

Avec 60 buts en 1927-1928, Dixie Dean (Everton) est le meilleur buteur en une saison du Championnat d'Angleterre.

Quel est le meilleur buteur de l'histoire de l'équipe d'Italie ?

- Giuseppe Meazza
- Silvio Piola
- Luigi Riva

22
DÉCEMBRE
8h42 16h56
Hiver • Ste Françoise-Xavière

Réponse :

Luigi Riva est le meilleur buteur de l'histoire de l'équipe d'Italie (35 buts entre 1965 et 1974). Il devance notamment Giuseppe Meazza (33 buts, 1930-1939) et Silvio Piola (30 buts, 1935-1952).

Quel fut le dernier adversaire du FC Metz en Coupe d'Europe ?

- Étoile Rouge de Belgrade
- Hambourg SV
- HJK Helsinki

23
DÉCEMBRE
8h42 16h57
St Armand

Réponse :

Le FC Metz a disputé son dernier match européen en 1998, contre l'Étoile Rouge de Belgrade, en 32e de finale retour de la Coupe de l'UEFA. La victoire messine (2-1) ne fut pas suffisante.

Quel joueur compte le plus grand nombre de sélections dans l'histoire de l'équipe des Pays-Bas ?

- Arjen Robben
- Wesley Sneijder
- Edwin van der Sar

Réponse :

Wesley Sneijder est le joueur le plus capé de l'histoire des Pays-Bas. Il devance notamment Edwin van der Sar (130 sélections). Quant à Arjen Robben, il compte 96 sélections.

Quel est le premier club canadien à avoir remporté la Major League Soccer ?

- Impact de Montréal FC
- Toronto FC
- Vancouver Whitecaps FC

25
DÉCEMBRE
8h43 16h58
Noël

Réponse :

En 2017, le Toronto FC est devenu le premier club canadien à avoir remporté la Major League Soccer.

Quel joueur a marqué le 2 000e but de l'histoire du Paris Saint-Germain au Parc des Princes ?

- Edinson Cavani
- Zlatan Ibrahimovic
- Neymar

26

DÉCEMBRE

8h43 16h59

St Étienne

Réponse :

En janvier 2018, contre Montpellier, peu après que Cavani fut devenu le meilleur buteur de l'histoire du PSG, Neymar marque le 2 000e but du club de la capitale au Parc des Princes !

Quel joueur a inscrit le plus grand nombre de buts dans l'histoire des qualifications pour le Championnat d'Europe ?

- Robbie Keane
- Robert Lewandowski
- Cristiano Ronaldo

27
DÉCEMBRE
8h44 17h00
St Jean

Réponse :

L'Irlandais Robbie Keane est le joueur qui a inscrit le plus grand nombre de buts (23 entre 1998 et 2016) dans l'histoire des qualifications pour le Championnat d'Europe.

Quel est le seul pays à avoir enchaîné une victoire à la Coupe du monde et une aux Jeux Olympiques ?

- Brésil
- Italie
- Uruguay

28
DÉCEMBRE
8 h 44 17 h 00
Sts Innocents

Réponse :

L'Italie est le seul pays à avoir enchaîné une victoire à la Coupe du monde (1934) et une aux Jeux Olympiques (1936).

Quel club a remporté le plus grand nombre de Championnats de Russie ?

- CSKA Moscou
- Spartak Moscou
- Zénith Saint-Pétersbourg

Réponse :

Le Spartak Moscou est le club qui a remporté le plus grand nombre de Championnats de Russie.

Telmo Zarra a terminé cinq fois meilleur buteur de la Liga, dans les années 1940 et 1950. Avec quel club ?

- Athletic Bilbao
- FC Barcelone
- Sporting Gijón

30
DÉCEMBRE
8h44 17h02
St Roger

Réponse :

Aujourd'hui seulement dépassé par Cristiano Ronaldo et Lionel Messi au nombre total de buts inscrits en Liga, Telmo Zarra a remporté cinq fois le titre de Pichichi (meilleur buteur de la saison), sous les couleurs de l'Athletic Bilbao, son seul et unique club (1940-1955).

Quel fut le premier Français meilleur buteur d'une édition de Coupe de l'UEFA ou de Ligue Europa ?

- Gérald Baticle
- Djibril Cissé
- Stéphane Guivarc'h

Réponse :

Le premier Français meilleur buteur d'une édition de Coupe de l'UEFA ou de Ligue Europa fut l'Auxerrois Gérald Baticle avec 8 buts en 1992-1993.